大 家 小 像

大家
小像

赤子
柔情

郁达夫　张充和　等 著

中国文史出版社

图书在版编目（CIP）数据

赤子柔情 ／ 郁达夫等著 . -- 北京 ：中国文史出版
社，2021.9

（大家小像）

ISBN 978-7-5205-3247-1

Ⅰ . ①赤… Ⅱ . ①郁… Ⅲ . ①文化−名人−生平事迹
−中国−现代 Ⅳ . ① K825.4

中国版本图书馆 CIP 数据核字 (2021) 第 202086 号

责任编辑： 梁玉梅

出版发行：中国文史出版社

社　　址：北京市海淀区西八里庄 69 号院　邮编：100142

电　　话：010-81136606　81136602　81136603（发行部）

传　　真：010-81136655

印　　装：北京新华印刷有限公司

经　　销：全国新华书店

开　　本：16 开

印　　张：16.25

字　　数：253 千字

版　　次：2022 年 3 月北京第 1 版

印　　次：2022 年 3 月第 1 次印刷

定　　价：52.00 元

目 录
CONTENTS ■

第一辑
鲁迅：我就做了堂吉诃德

鲁迅先生的家

萧 红*

　　鲁迅先生的卧室，一张铁架大床，床顶上遮着许先生亲手做的白布刺花的帏子，顺着床的一边折着两床被子，都是很厚的，是花洋布的被面。挨着门口的床头的方面站着抽屉柜。一进门的左首摆着八仙桌，桌子的两旁藤椅各一。立柜站在和方桌一排的墙角，立柜本是挂衣服的，衣裳却很少，都让糖盒子、饼干桶子、瓜子罐给塞满了。有一次 ×× 老板的太太来拿版权的图章花，鲁迅先生就从立柜下边大抽屉里取出的。沿着墙角往窗子那边走，有一张装饰台，桌子上有一个方形的满浮着绿草的玻璃养鱼池，里边游着的不是金鱼而是灰色的扁肚子的小鱼。除了鱼池之外另有一只圆的表，其余那上边满装着书。铁床架靠窗子的那头的书柜里书柜外都是书。最后是鲁迅先生的写字台，那上边也都是书。

　　鲁迅先生家里，从楼上到楼下，没有一个沙发。鲁迅先生工作时坐的椅子是硬的，休息时的藤椅是硬的，到楼下陪客人时坐的椅子又是硬的。

　　鲁迅先生的写字台面向着窗子，上海弄堂房子的窗子差不多满一面墙那

---

* 萧红（1911—1942）：本名张秀环，后改名为张乃莹，笔名萧红，黑龙江哈尔滨人。中国近现代女作家。幼年丧母。1933 年以悄吟为笔名发表第一篇小说《弃儿》。1935 年在鲁迅的支持下，发表成名作《生死场》。1936 年东渡日本，创作散文《孤独的生活》、长篇组诗《砂粒》等。代表作有《呼兰河传》《小城三月》等。

么大，鲁迅先生把它关起来，因为鲁迅先生工作起来有一个习惯，怕吹风，风一吹，纸就动，时时防备着纸跑，文章就写不好。所以屋子里热得和蒸笼似的，请鲁迅先生到楼下去，他又不肯，鲁迅先生的习惯是不换地方。有时太阳照进来，许先生劝他把书桌移开一点都不肯。只有满身流汗。

鲁迅先生的写字桌，铺了一张蓝格子的油漆布，四角都用图钉按着。桌子上有小砚台一方，墨一块，毛笔站在笔架上。笔架是烧瓷的，在我看来不很细致，是一个龟，龟背上带着好几个洞，笔就插在那洞里，鲁迅先生多半是用毛笔的，钢笔也不是没有，是放在抽屉里。桌上有一个方大的白瓷的烟灰盒，还有一个茶杯，杯子上带着盖。

鲁迅先生的习惯与别人不同，写文章用的材料和来信都压在桌子上，把桌子都压得满满的，几乎只有写字的地方可以伸开手，其余桌子的一半被书或纸张占有着。

左手边的桌角上有一个带绿灯罩的台灯，那灯泡是横着装的，在上海那是极普通的台灯。

冬天在楼上吃饭，鲁迅先生自己拉着电线把台灯的机关从棚顶的灯头上拨下，而后装上灯泡子。等饭吃过了，许先生再把电线装起来，鲁迅先生的台灯就是这样做成的，拖着一根长长的电线在棚顶上。

鲁迅先生的文章，多半是在这台灯下写的。因为鲁迅先生的工作时间，多半是下半夜一两点起，天将明了休息。

卧室就是如此，墙上挂着海婴公子一个月婴孩的油画像。

挨着卧室的后楼里边，完全是书了，不十分整齐，报纸和杂志或洋装的书，都混在这间屋子里，一走进去多少还有些纸张气味。地板被书遮盖得太小了，几乎没有了，大网篮也堆在书中。墙上拉着一条绳子或者是铁丝，就在那上边系了小提盒、铁丝笼之类。风干荸荠就盛在铁丝笼，扯着的那铁丝几乎被压断了在弯弯着。一推开藏书室的窗子，窗子外边还挂着一筐风干荸荠。

"吃吧，多得很，风干的，格外甜。"许先生说。

楼下厨房传来了煎菜的锅铲的响声，并且两个年老的娘姨慢重重地在讲一些什么。

厨房是家庭最热闹的一部分。整个三层楼都是静静的，喊娘姨的声音没有，在楼梯上跑来跑去的声音没有。鲁迅先生家里五六间房子只住着五个人，三位是先生的全家，余下的二位是年老的女用人。

来了客人都是许先生亲自倒茶，即或是麻烦到娘姨时，也是许先生下楼去吩咐，绝没有站到楼梯口就大声呼唤的时候。所以整个的房子都在静悄悄之中。

只有厨房比较热闹了一点，自来水哗哗地流着，洋瓷盆在水门汀的水池子上每拖一下磨着嚓嚓地响，洗米的声音也是嚓嚓的。鲁迅先生很喜欢吃竹笋的，在菜板上切着笋片笋丝时，刀刃每划下去都是很响的。其实比起别人家的厨房来却冷清极了，所以洗米声和切笋声都分开来听得样样清清晰晰。

客厅的一边摆着并排的两个书架，书架是带玻璃橱的，里边有朵斯托益夫斯基的全集和别的外国作家的全集，大半都是日文译本。地板上没有地毯，但擦得非常干净。

海婴公子的玩具橱也站在客厅里，里边是些毛猴子、橡皮人、火车汽车之类，装得满满的，别人是数不清的，只有海婴自己伸手到里边找些什么就有什么。过新年时在街上买的兔子灯，纸毛上已经落了灰尘了，仍摆在玩具橱顶上。

客厅只有一个灯头，大概五十烛光。客厅的后门对着上楼的楼梯，前门一打开有一个一方丈大小的花园，花园里没有什么花看，只有一株很高的七八尺高的小树，大概那树是柳桃，一到了春天，喜欢生长蚜虫，忙得许先生拿着喷蚊虫的机器，一边陪着谈话，一边喷着杀虫药水。沿着墙根，种了一排玉米，许先生说："这玉米长不大的，这土是没有养料的，海婴一定要种。"

春天，海婴在花园里掘着泥沙，培植着各种玩意。

三楼则特别静了，向着太阳开着两扇玻璃门，门外有一个水门汀的突出的小廊子，春天很温暖地抚摸着门口长垂着的帘子，有时帘子被风打得很高，飘扬的饱满的和大鱼泡似的。那时候隔院的绿树照进玻璃门扇里边来了。

海婴坐在地板上装着小工程师在修着一座楼房，他那楼房是用椅子横倒了架起来修的，而后遮起一张被单来算作屋瓦。全个房子在他自己拍着手的赞誉声中完成了。

这间屋感到些空旷和寂寞，既不像女工住的屋子，又不像儿童室。海婴的眠床靠着屋子的一边放着，那大圆顶帐子日里也不打起来，长拖拖的好像从棚顶一直拖到地板上，那床是非常讲究的，属于刻花的木器一类的。许先生讲过，租这房子时，从前一个房客转留下来的。海婴和他的保姆，就睡在五六尺宽的大床上。

冬天烧过的火炉，三月里还冷冰冰地在地板上站着。

海婴不大在三楼上玩的，除了到学校去，就是在院子里踏脚踏车，他非常喜欢跑跳，所以厨房，客厅，二楼，他是无处不跑的。

三楼整天在高处空着，三楼的后楼住着另一个老女工，一天很少上楼来，所以楼梯擦过之后，一天到晚干净的溜明。

（载于《回忆鲁迅先生》，萧红著，华东师范大学出版社 2015 年版，题目为编者加）

好久不见，好久不见

萧 红

有一天下午鲁迅先生正在校对着瞿秋白的《海上述林》，我一走进卧室去，从那圆转椅上鲁迅先生转过来了，向着我，还微微站起了一点。

"好久不见，好久不见。"一边说着一边向我点头。

刚刚我不是来过了吗？怎么会好久不见？就是上午我来的那次周先生忘记了，可是我也每天来呀……怎么都忘记了吗？

周先生转身坐在躺椅上才自己笑起来，他是在开着玩笑。

梅雨季，很少有晴天，一天的上午刚一放晴，我高兴极了，就到鲁迅先生家去了，跑得上楼还喘着，鲁迅先生说："来啦！"

我说："来啦！"

我喘着连茶也喝不下。

鲁迅先生就问我："有什么事吗？"

我说："天晴啦，太阳出来啦。"

许先生和鲁迅先生都笑着，一种对于冲破忧郁心境的崭然的会心的笑。

（载于《商市街·回忆鲁迅先生》，萧红著，中国国际广播出版社2014年版，题目为编者加）

贩卖精神私货的商人

萧 红

　　鲁迅先生家里生客人很少，几乎没有，尤其是住在他家里的人更没有。一个礼拜六的晚上，在二楼上鲁迅先生的卧室里摆好了晚饭，围着桌子坐满了人。每逢礼拜六晚上都是这样的，周建人先生带着全家来拜访的。在桌子边坐着一个很瘦的很高的穿着中国小背心的人，鲁迅先生介绍说："这是一位同乡，是商人。"

　　初看似乎对的，穿着中国裤子，头发剃得很短。当吃饭时，他还让别人酒，也给我倒一盅，态度很活泼，不大像个商人；等吃完了饭，又谈到《伪自由书》及《二心集》。这个商人，开明得很，在中国不常见。没有见过的，就总不大放心。

　　下一次是在楼下客厅后的方桌上吃晚饭，那天很晴，一阵阵地刮着热风，虽然黄昏了，客厅后还不昏黑。鲁迅先生是新剪的头发，还能记得桌上有一盘黄花鱼，大概是顺着鲁迅先生的口味，是用油煎的。鲁迅先生前面摆着一碗酒，酒碗是扁扁的，好像用作吃饭的饭碗。那位商人先生也能喝酒，酒瓶手就站在他的旁边。他说蒙古人什么样，苗人什么样，从西藏经过时，那西藏女人见了男人追她，她就如何如何。

　　这商人可真怪，怎么专门走地方，而不做买卖？并且鲁迅先生的书他也全读过，一开口这个，一开口那个。并且海婴叫他 × 先生，我一听那 × 字就明白他是谁了。× 先生常常回来得很迟，从鲁迅先生家里出来，在弄堂里遇到了几次。

有一天晚上 × 先生从三楼下来，手里提着小箱子，身上穿着长袍子，站在鲁迅先生的面前，他说他要搬了。他告了辞，许先生送他下楼去了。这时候周先生在地板上绕了两个圈子，问我说："你看他到底是商人吗？"

"是的。"我说。

鲁迅先生很有意思地在地板上走几步，而后向我说："他是贩卖私货的商人，是贩卖精神上的……"

× 先生走过二万五千里回来的。

（载于《商市街·回忆鲁迅先生》，萧红著，中国国际广播出版社2014年版，题目为编者加）

太热烈，太真诚

孙伏园 *

凡是和鲁迅先生商量什么事情，需要他一些助力的，他无不热烈真诚地给你助力。他的同情总是在弱者一面，他的助力自然更是用在弱者一面。即如他为晨报副刊写文字，就完全出于他要帮助一个青年学生的我，使我能把报办好，把学术空气提倡起来。我个人受他的精神的物质的鼓励，真是数也数不尽。当我初学写作的时候，鲁迅先生总是鼓励着说："如果不会创作，可以先翻译一点别国的作品；如果不会写纯文艺的东西，可以先写一点小品札记之类。"许多人都是受到鲁迅先生这种鼓励得到成功的，我也用了鲁迅先生这话鼓励过比我年轻的人。只是我自己太愚鲁，也太不用功，所以变成了例外。

至于为人处世，他帮助我的地方更多了。鲁迅先生因为太热烈，太真诚，一生碰过多少次壁。这种碰壁的经验，发而为文章，自然全在这许多作品里；发而为口头的议论，则我自觉非常幸运，听到的乃至受用的，比任何经籍给我的还多。我是一个什么事情也不会动手的，身体又薄弱，经不起辛

---

* 孙伏园（1894—1966），原名福源，字养泉。绍兴人。现代散文作家、著名副刊编辑，在新闻学上有民国"副刊大王"之称。早年在山会师范学堂（现为绍兴文理学院）、北京大学学习，两度成为鲁迅的学生，与鲁迅、周作人、林语堂等一起创办《语丝》周刊，任主编和主要撰稿人。

苦，鲁迅先生教我种种保卫锻炼的方法。现在想起来真是罪无可逭：我们一同旅行的时候，如到陕西，到厦门，到广州，我的铺盖常常是鲁迅先生替我打的。耶稣尝为门徒洗脚，我总要记起这个故事。

在陕西讲学，一个月时间得酬三百元。我们有三个人不到一个月便走了，鲁迅先生和我商量：只要够旅费，我们应该把陕西人的钱在陕西用掉。后来打听得易俗社的戏曲学校和戏园经费困难，我们便捐了一点钱给易俗社。还有一位先生对于艺术没有多少兴趣，那自然听便。西北大学的工友们招呼得很周到，鲁迅先生主张多给钱。还有一位先生说："工友既不是我们的父亲，又不是我们的儿子；我们下一趟不知什么时候才来；我以为多给钱没有意义。"鲁迅先生当时堵着嘴不说话，后来和我说："我顶不赞成他的'下一趟不知什么时候才来'说，他要少给让他少给好了，我还是照原议多给。"

(选自《哭鲁迅先生》，载于《藤野先生　沈从文先生在西南联大》，鲁迅、汪曾祺等著，人民文学出版社 2017 年版，题目为编者加)

我就做了堂吉诃德

郁达夫 [*]

　　我的记忆力很差，尤其是对于时日及名姓等的记忆。有些朋友，当见面时却混得很熟，但竟有一年半载以上，不晓得他的名姓的，因为混熟了，又不好再请教尊姓大名的缘故。像这一种习惯，我想一般人也许都有，可是，在我觉得特别的厉害。而鲁迅呢，却很奇怪，他对于遇见过一次，或和他在文字上有点纠葛过的人，都记得很详细，很永固。

　　所以，我在前段说起过的，鲁迅到上海的时日，照理应该在十八年的春夏之交；因为他于离开厦门大学之后，是曾上广州中山大学去住过一年的；他的重回上海，是在因和顾颉刚起了冲突，脱离中山大学之后；并且因恐受当局的压迫拘捕，其后亦曾在广州闲住了半年以上的时间。

　　他对于辞去中山大学教职之后，在广州闲住的半年那一节事情，也解释得非常有趣。他说："在这半年中，我譬如是一只雄鸡，在和对方呆斗。这呆斗的方式，并不是两边就咬起来，却是振冠击羽，保持着一段相当距离的对视。因为对方的假君子，背后是有政治力量的，你若一经示弱，对方就会用

---

[*] 郁达夫（1896—1945），原名郁文，字达夫，浙江富阳人，中国现代作家、革命烈士。他是新文学团体创造社的发起人之一，一位为抗日救国而殉难的爱国主义作家。在文学创作的同时，他还积极参加各种反帝抗日组织，先后在上海、武汉、福州等地从事抗日救国宣传活动，代表作有《沉沦》《故都的秋》《春风沉醉的晚上》《过去》《迟桂花》等。

无论哪一种卑鄙的手段，来加你以压迫。

"因而有一次，大学里来请我讲演，伪君子正在庆幸机会到了，可以罗织成罪我的证据。但我却不忙不迫地讲了些魏晋人的风度之类，而对于时局和政治，一个字也不曾提起。"

在广州闲住了半年之后，对方的注意力有点松懈了，就是对方的雄鸡，坚忍力有点不能支持了，他就迅速地整理行李，乘其不备，而离开了广州。

人虽则离开了，但对于代表恶势力而和他反对的人，他却始终不会忘记。所以，他的文章里，无论在哪一篇，只教用得上去的话，他总不肯放松一着，老会把这代表恶势力的敌人押解出来示众。

对于这一点，我也曾再三地劝他过，劝他不要上当。因为有许多无理取闹来攻击他的人，都想利用了他来成名。实际上，这一个文坛登龙术，是屡试屡验的法门；过去曾经有不少的青年，因攻击鲁迅而成了名的。但他的解释，却很彻底。他说："他们的目的，我当然明了。但我的反攻，却有两种意思。第一，是正可以因此而成全了他们；第二，是也因为了他们，而真理愈得阐发。他们的成名，是烟火似的一时的现象，但真理却是永久的。"

他在上海住下之后，这些攻击他的青年，愈来愈多了。最初，是高长虹等，其次是太阳社的钱杏邨等，后来则有创造社的叶灵凤等。他对于这些人的攻击，都三倍四倍地给予了反攻，他的杂文的光辉，也正因了这些不断的搏斗而增加了熟练与光辉。他的《全集》的十分之六七，是这种搏斗的火花，成绩俱在，在这里可以不必再说。

此外还有些并不对他攻击，而亦受了他的笔伐的人，如张若谷、曾今可等；他对于他们，在酒兴浓溢的时候，老笑着对我说："我对他们也并没有什么仇。但因为他们是代表恶势力的缘故，所以我就做了堂·克蓄德，而他们却做了活的风车。"

关于堂·克蓄德这一名词，也是钱杏邨他们奉赠给他的。他对这名词并不嫌恶，反而是很喜欢的样子。同样在有一时候，叶灵凤引用了苏俄讥高尔基的话来骂他，说他是"阴阳面的老人"，他也时常笑着说："他们比得我太大了，我只恐怕承当不起。"

（选自《回忆鲁迅》，载于《知己！知己：文人笔下的友情》，《闲情偶拾》编辑组编，中国文史出版社 2020 年版，题目为编者加）

青年是挑了一担同情来的

郁达夫

　　鲁迅的热心于提拔青年的一件事情，是大家在说的。但他的因此而受痛苦之深刻，却外边很少有人知道。像有些先受他的提拔，而后来却用攻击的方法以成自己的名的事情，还是彰明显著的事实，而另外还有些"挑了一担同情来到鲁迅那里，强迫他出很高的代价"的故事，外边的人，却大抵都不晓得了。在这里，我只举一个例：

　　在广州的时候，有一位青年的学生，因平时被鲁迅所感化而跟他到了上海。到了上海之后，鲁迅当然也收留他一道住在景云里那一所三层楼的弄堂房子里。但这一位青年，误解了鲁迅的意思，以为他没有儿子——当时海婴还没有生——所以收留自己和他住下，大约总是想把自己当作他的儿子的意思。后来，他又去找了一位女朋友来同住，意思是为鲁迅当儿媳妇的。可是，两人坐食在鲁迅的家里，零用衣饰之类，鲁迅当然是供给不了的；于是这一位自定的鲁迅的子嗣，就发生了很大的不满，要求鲁迅一定要为他谋一出路。

　　鲁迅没法子，就来找我，叫我为这青年去谋一职业，如报馆校对、书局伙计之类；假使是真的找不到职业，那么亦必须请一家书店或报馆在名义上用他做事，而每月的薪水三四十元，当由鲁迅自己拿出，由我转交给这书局或报馆，作为月薪来发给。

　　这事我向当时的现代书局说了，已经说定是每月由书局和鲁迅各拿出一半的钱来，使用这一位青年。但正当说好的时候，这一位青年却和爱人脱离了鲁迅而走了。

这一件事情，我记得章锡琛曾在鲁迅去世的时候写过一段短短的文章；但事实却很复杂，使鲁迅为难了好几个月。从这一回事情之后，鲁迅就爱说"青年是挑了一担同情来的"趣话。不过这仅仅是一例，此外，因同情青年的遭遇，而使他受到痛苦的事实还正多着哩！

（选自《回忆鲁迅》，载于《知己！知己：文人笔下的友情》，《闲情偶拾》编辑组编，中国文史出版社2020年版，题目为编者加）

海婴这小捣乱

郁达夫

　　民国 18 年以后，因国共分家的结果，有许多青年，以及正义的斗士，都无故而被牺牲了。此外，还有许多从事革命运动的青年，在南京、上海以及长江流域的通都大邑里，被捕的，真不知有多少。在上海专为这些革命志士以及失业工人等救济而设的一个团体，是共济会。但这时候，这救济会已经遭了当局之忌，不能公开工作了；所以弄成请了律师，也不能公然出庭，有了店铺作保，也不能去向法庭请求保释的局面。在这时候，带有国际性的民权保障自由大同盟，才在孙夫人（宋庆龄女士）、蔡先生（孑民）等的领导下，在上海成立了起来。鲁迅和我，都是这自由大同盟的发起人，后来也连做了几任的干部，一直到南京的通缉令下来，杨杏佛被暗杀的时候为止。

　　在这自由大同盟活动的期间，对于平常的集会，总不出席的鲁迅，却于每次开会时一定先期而到；并且对于事务是一向不善处置的鲁迅，将分派给他的事务，也总办得井井有条。从这里，我们又可以看出，鲁迅不仅是一个只会舞文弄墨的空头文学家，对于实务，他原是也具有实际干才的。说到了实务，我又不得不想起我们合编的那一个杂志《奔流》——名义上，虽则是我和他合编的刊物，但关于校对、集稿、算发稿费等琐碎的事务，完全是鲁迅一个人效的劳。

　　他的做事务的精神，也可以从他的整理书斋和校阅原稿等小事件上看得出来。一般和我们在同时做文字工作的人，在我所认识的中间，大抵十个有九个都是把书斋弄得乱杂无章的。而鲁迅的书斋，却在无论什么时候，都整理得必清必楚。他的校对的稿子，以及他自己的文稿，涂改当然是不免，但总缮写得非常的清楚。

直到海婴长大了，有时候老要跑到他的书斋里去翻弄他的书本杂志之类，当这样的时候，我总看见他含着苦笑，对海婴说："你这小捣乱看好了没有？"海婴含笑走了的时候，他总是一边谈着笑话，一边先把那些搅得零乱的书本子堆叠得好好，然后再来谈天。

记得有一次，海婴已经会说话的时候了，我到他的书斋去的前一刻，海婴正在那里捣乱，翻看书里的插画。我去的时候，书本子还没有理好。

鲁迅一见着我，就大笑着说："海婴这小捣乱，他问我几时死，他的意思是我死了之后，这些书本都应该归他的。"

鲁迅的开怀大笑，我记得要以这一次为最兴高采烈。听这话的我，一边虽也在高笑，但暗地里一想到了"死"这一个定命，心里总不免有点难过。尤其是像鲁迅这样的人，我平时总不会把死和他联合起来想在一道。就是他自己，以及在旁边也在高笑的景宋女士，在当时当然也对于死这一个观念的极微细的实感都没有的。

这事情，大约是在他去世之前的两三年的时候；到了他死之后，在万国殡仪馆成殓出殡的上午，我一面看到了他的遗容，一面又看见海婴仍是若无其事地在人前穿了小小的丧服在那里快快乐乐地跑，我的心真有点儿绞得难耐。

（选自《回忆鲁迅》，载于《知己！知己：文人笔下的友情》，《闲情偶拾》编辑组编，中国文史出版社 2020 年版，题目为编者加）

友谊是从剪辫子开始

许世瑮*

鲁迅先生与先父许寿裳（季茀）先生有 35 年的交情，他们都是浙江绍兴人，从少年到老年一直友好，彼此关怀，情同骨肉。

民国前十年，初秋，先父获浙江官费，派往日本留学，初入东京弘文学院，预备日语。时鲁迅先生已先于 2 月间，由江南督练公所派赴日本，亦入弘文学院修日语，只是不同班，先父在浙江班，鲁迅先生在江南班。起初他们往来甚少，他们的友谊是从剪辫子开始的。

先父在到东京的第一日，就把"烦恼丝"剪掉了，鲁迅先生也于次年 3 月，在江南班第一个剪去辫子。鲁迅先生拍了一张断发照，并在背面题诗一首赠给先父。诗曰：

> 灵台无计逃神矢，风雨如磐暗故园。
>
> 寄意寒星荃不察，我以我血荐轩辕。

---

* 许世瑮：许寿裳二子。许寿裳（1883—1948），字季茀，号上遂，浙江绍兴人，中国近代著名学者、传记作家。早年就读绍郡中西学堂和杭州求是书院。1902 年以浙江官费派往日本留学，入东京弘文学院补习日语，与鲁迅、厉绥之相识，成为终身挚友。1937 年与周作人共同编撰《鲁迅年谱》。历任北京大学、北京高等师范学校、成都华西大学、西北联大等校教授。1946 年应台湾行政长官陈仪邀请主持台湾省编译馆，不久编译馆裁撤后并入教育厅管辖，转往台湾大学任教，常批评国民党的法西斯教育改革。1948 年 2 月 18 日在台大宿舍被暗杀身亡。

民国前九年，《浙江潮》创刊，从第 5 期起，由先父接任主编，即向鲁迅先生约稿。鲁迅先生的历史小说《斯巴达之魂》、译作《哀尘》、科普文章《说鈤》和科学论文《中国地质略论》等，都是在先父主编的《浙江潮》上发表的。

鲁迅先生在弘文学院时，课余喜看哲学和文学的书。他同先父常常讨论的三个问题是：

一、怎样才是理想的人性？

二、中国国民性中最缺乏的是什么？

三、它的病根何在？

后来，他又谈到志愿学医，要从科学达到解决上述三个问题。理想宏远，下手切实。

民国前八年，秋，鲁迅先生入仙台医学专门学校学医。学医以后，成绩非常好，为教师们所器重。可是到了第二学年春假的时候，鲁迅先生照例回到东京，对先父说："我退学了。"先父惊问他："你不是学得正有兴趣么？为什么要中断？""是的！我决计要学文艺了。中国的呆子、坏呆子，岂是医学所能治疗的？"

鲁迅先生在《呐喊》序文里写得很详细："……有一回，我竟在画片上忽然看见我久违的许多中国人了。一个绑在中间，许多站在左右。一样是强壮的体格，而显出麻木的神情。据解说，则绑着的是替俄国做了军事上的侦察，正要被日军砍下头颅来示众，而围着的便是去赏鉴这示众的盛举的人们。"所以，我们的第一要著，便是要改变同胞的精神，于是鲁迅先生他想提倡文艺运动了。也就是对于国民性劣点的研究、揭发、攻击、肃清。终身不懈，三十年如一日，真可谓"鞠躬尽瘁，死而后已"。

鲁迅先生退学回到东京，时先父已就读高等师范学校史地科。鲁迅先生和先父相处在一起，赴会馆，听讲演。是年秋，每周星期日清晨，先父与鲁迅先生等人，同往章太炎先生寓所——牛込区二丁目八番地《民报》社，听章太炎先生讲《段氏说文注》及《郝氏尔雅义疏》。

民国前四年春，先父在东京高等师范学校毕业欲留学欧洲，与鲁迅先生等五人合租本乡区西片町一华美住宅，署其寓曰："伍舍。"宅地广阔，颇有庭园花木之盛，是年冬，合租的朋友有的移居他处，先父明春又将赴德留学，不得不先行退租，迁出"伍舍"。先父曾有套用东坡诗句成《留别伍舍》诗一首：

荷尽已无擎雨盖，菊残犹有傲霜枝。

壶中好景长追忆，最是朝颜泡露时。

民国前三年，初春，先父因学费无着，留学德国未果，乃于 4 月自日本返国，任浙江两级师范学堂教务长。是年秋，鲁迅先生回国，即由先父推荐到浙江两级师范学堂，任生理学和化学教员。冬，原监督沈衡山（钧儒）先生辞职，继任者夏震武氏。夏氏自谓研究宋学，而对于教育文化未尝研究，先父和鲁迅先生诸教员，均不欲与之共事，全体辞职，搬出校舍，以示决绝。后夏氏去职，始复返校任教。为庆贺"木瓜之役"（夏氏当时被称为"夏木瓜"）的胜利，先父和鲁迅先生等 25 人，一起在杭州湖州会馆合影留念。

民国元年，临时政府成立，定都南京。蔡子民先生任教育总长，先父被邀至南京，任教育部部员，旋向蔡子民先生推荐鲁迅先生。蔡先生久慕鲁迅先生才学，即请先父驰函绍兴（时鲁迅先生居绍执教），敦请鲁迅先生前往就职。故友重逢，分外亲切，昼则同桌办公，夜则联床共话。此后，先父与鲁迅先生长期同就职于教育部，同执教于各地，不时见面，信函频繁，真是知无不言、言无不尽的知己好友。

鲁迅先生于民国 25 年 10 月 19 日因肺病去世时，先父极为哀痛，曾作诗一首悼念他。诗曰：

身后万民国零涕，生前孤剑独冲锋。

丹心浩气终黄土，长夜凭谁叩晓钟。

蔡元培先生也有挽联挽之，曰：

著述最谨严，非徒中国小说史；

遗言太沉痛，莫作空头文学家。

先父说过，他自己深受严师与诤友的影响。严师就是指国学大师章太炎先生及宋平子先生，诤友则是指蔡子民先生和鲁迅先生。

我于公元 1988 年 5 月初，回沪探亲，向百龄老母祝寿，还到鲁迅先生墓前致敬，并想去绍兴故乡探视老家。绍兴鲁迅纪念馆裘士雄馆长得到消息后，特派员来沪面邀。遂于 5 月 21 日到绍，住在馆内。承裘馆长陪同，参观了鲁迅故居、百草园、三味书屋和鲁迅先生生平事迹陈列厅。我仔细观摩，思潮涌起，越看越觉其伟大。当看到鲁迅先生和先父的巨幅合照时，心情分外激动。触景生情，睹物思人，怎么不为之动情呢！

我应馆方之邀，还在纪念册上题了以下的字句留念："民族英雄，福被全民。天下一统，革命成功。"

（选自《鲁迅与先父寿裳公》，载于《回忆许寿裳》，浙江省政协文史资料委员会、绍兴市政协文史资料委员会编，中国文史出版社 2018 年版，题目为编者加）

光风霁月之概

许世瑮

鲁迅先生的起居是很朴素的，刻苦耐劳的。关于他的衣着，在南京读书时，没有余钱制衣服，以致夹裤过冬，棉袍破旧得可怜，两肩已没有一点棉絮了。他在杭州教书时，仍旧着学生制服，夏天只做了一件白羽纱长衫，一直穿到10月天冷为止，后来置了一件外套，勉可御寒，平时少着皮鞋，常穿黑色帆布面胶底的鞋子。

对于饮食，鲁迅先生是很随便的，不喜吃隔夜菜和干咸品；鱼蟹少吃，怕去骨和剥壳的麻烦，茶用清茶，烟用廉价品，每日大概需50支，不敢多喝酒，爱吃辣椒。他曾告诉先父，因为夹裤过冬，不得已吃辣椒以御寒气，渐成嗜好，因而害及胃的健康，为毕生之累。他发胃病的时候，常见他把腹部顶住方桌的角而把上身伏在桌面，这可想见他胃痛得厉害。最后10年间，有景宋夫人的照料，饮食较为舒适。他的寝具一向是用板床薄被，晚年才用最普通的铁床，书桌旁边放着一张藤躺椅，工作倦了，就在这椅上小坐，看看报纸，算作休息而已。

鲁迅先生一生惯用毛笔，文稿、日记、书信都是用毛笔写的，其原因大概不外乎：（一）可以不择纸张的厚薄好坏；（二）写字"小大由之"，别有风趣罢了。他对于书籍的装饰和爱护，真是无微不至，他所出的书，关于书面的图案、排字的体裁、校对的认真，没有一件不是亲自经营，煞费苦心。

擅长写作的鲁迅也很健谈。聊天时胸怀磊落，机智流畅，有光风霁月之概，所谈种种，或叙述，或评论，或笑话，或悲愤，都令人感到亲切和痛快。所以接触过他的人，都会怀念他，留给人深刻的印象。

吾越乡风，小孩上学，必定替他挑选一位品学兼优的开蒙先生，教他认方块字，把笔写字，并在课本面上替他写姓名，希望他能够得到这位老师的熏陶和传授。民国3年，先兄世瑛五岁，父亲买了《文字蒙求》，敦请鲁迅先生开蒙。他只教"天""人"二字，并书"许世瑛"三个字，"天""人"二字含义甚广，包括一切学问——自然和人文，一切道德——天道和人道。后来先兄考入国立清华大学中国文学系，又向鲁迅先生请教应该看些什么书？他便开示一张书单如下：

计有功，宋人：唐诗纪事。

辛文房，元人：唐才子传。

严可均：全上古……隋文。

丁福保：全上古……隋诗。

吴荣光：历代名人年谱。

胡应麟，明人：少室山房笔丛。

四库全书简明目录。

刘义庆：世说新语。

王定保，五代：唐摭言。

葛洪：抱朴子外篇。

王充：论衡。

王晫：今世说。

以上书目，实在是初学文学者所必读，他的解说也简明扼要，先兄以后之成就，可以说得自鲁迅先生者甚大。

民国7年初夏，母亲由北平到南昌，不及半月因伤寒病故，鲁迅先生远来函唁，慰问。提到世兄们失掉慈母，固然是不幸，但也不尽然；倘有慈母，或是幸福，然若幼而失母，也非不幸，倒可成为更加勇猛、更无挂碍的儿女。鲁迅先生对我们兄弟寓鼓励于安慰之中，前辈风仪永生难忘。

大伯父铭伯先生民国8年春初中风，请教鲁迅先生延医诊治，他说这病不容易完全治好，曾遍觅良医，果然无效，计病29个月而殁。鲁迅先生闻讯即来吊唁。

民国24年7月，世瑄姐和汤兆恒先生在上海结婚，鲁迅先生一向不肯出门酬应，是日偕夫人挈海婴惠然来临，并且到得很早，后来才知道他是日身体本来不适，且译作甚忙，家人无不感激。

民国23年冬，世场妹患病，也烦鲁迅先生介绍医师，他为人谋，忠实周到；特检出书信一封，以资说明：

季市兄：

顷奉到十二月五日惠函，备悉种种。世场来就医时，正值弟自亦隔日必赴医院，同道而去，于时间及体力，并无特别耗损，务希勿以为意。至于诊金及药费，则因与医生甚熟，例不即付，每月之末，即开账来取，届时自当将世场之账目检出寄奉耳。

弟因感冒，害及肠胃，又不能悠游，遂至痊愈多日，幸近已向愈，胃口亦渐开，不日当可复原，希勿念为幸。专此布复，并颂

曼福

弟 飞[1] 顿首 十二月九日

（选自《鲁迅与先父寿裳公》，载于《回忆许寿裳》，浙江省政协文史资料委员会、绍兴市政协文史资料委员会编，中国文史出版社2018年版，题目为编者加）

---

[1] 作者注释：先父寿裳公，字季弟，亦作季市。鲁迅与熟朋友写信有时仅署一"飞"字。

梦幻似的无用的劳力

周作人 *

　　我们在日本留学的时候，有一种茫漠的希望，以为文艺是可以转移性情，改造社会的。因为这意见，便自然而然地想到介绍外国新文学这一件事。但做这事业，一要学问，二要同志，三要工夫，四要资本，五要读者。第五样逆料不得，上四样在我们却几乎全无。于是又自然而然的只能小本经营，姑且尝试，这结果便是译印《域外小说集》。

　　当初的计划，是筹办了连印两册的资本，待到卖回本钱，再印第三第四，以至第多少册的。如此继续下去，积少成多，也可以约略介绍了各国名家的著作了。于是准备清楚，在 1909 年二月，印出第一册，到六月间，又印出了第二册。寄售的地方，是上海和东京。

　　半年过去了，先在就近的东京寄售处结了账。计第一册卖去了二十一本，第二册是二十本，以后可再也没有人买了。那第一册何以多卖一本呢？就因为有一位极熟的友人，怕寄售处不遵定价，额外需索，所以亲去试验一回，果然划一不二，就放了心，第二本不再试验了。但由此看来，足见那

---

* 　周作人（1885—1967），原名周櫆寿，浙江绍兴人。鲁迅之弟，周建人之兄。中国现代著名散文家、文学理论家。新文化运动中，是《新青年》的重要同人作者，并曾任"新潮社"主任编辑。五四运动之后，与郑振铎、沈雁冰、叶绍钧、许地山等人发起成立"文学研究会"；与鲁迅、林语堂、孙伏园等创办《语丝》周刊，任主编和主要撰稿人。

二十位读者，是有出必看，没有一人中止的，我们至今很感谢。

至于上海，是至今还没有详细知道。听说也不过卖出了二十册上下，以后再没有人买了。于是第三册只好停板，已成的书便都堆在上海寄售处堆货的屋子里。过了四五年，这寄售处不幸失了火，我们的书和纸版都连同化成灰烬。我们这过去的梦幻似的无用的劳力，在中国也就完全消灭了。

（选自《关于鲁迅之二》，载于《我的三个弟弟 做大哥的人》，冰心等著，人民文学出版社 2017 年版，题目为编者加）

第二辑
沈从文：一个有特殊风格的人

至少你是第一个

巴 金*

一百多天过去了，我一直在想从文的事情。

我和从文见面在 1923 年。那时我住在环龙路我舅父家中。南京《创作月刊》的主编汪曼铎来上海组稿，一天中午请我在一家俄国西菜社吃中饭，除了我还有一位客人，就是从青岛来的沈从文。我去法国之前读过他的小说，1928 年下半年在巴黎，我几次听见胡愈之称赞他的文章，他已经发表了不少的作品。我平日讲话不多，又不善于应酬。这次我们见面谈了些什么，我现在毫无印象，只记得谈得很融洽。他住在西藏路上的一品香旅社，我同他去那里坐了一会儿，他身边有一部短篇小说集的手稿，想找个出版的地方，也需要用它换点稿费。我陪他去闸北新中国书局，见到了我认识的那位出版家，稿子卖出去了，书局马上付了稿费。小说过四五个月印了出来，就是那本《虎雏》。他当天晚上去南京，我同他在书局门口分手时，他要我到青岛去玩，说是可以住在学校的宿舍里。我本来要去北平，就推迟了行期，9 月初先去青岛，只是在动身前写封短信通知他。我在他那里过得很愉快，我随便，他也随便，好像我们有几十年的交往一样。他的妹妹在山东大学念

---

* 巴金（1904—2005），原名李尧棠，字芾甘，四川成都人。著名作家、文学翻译家。新中国成立后曾任中国文联副主席、中国作协主席等职。代表作有《家》《春》《秋》《爱情三部曲》等。

书，有时也和我们一起出去走走、看看。他对妹妹很友爱、很体贴，我早就听说，他是自学出身，因此很想在妹妹的教育上多下功夫，希望她熟悉他自己想知道却并不很了解的一些知识和事情。

在青岛他把他那间屋子让给我，我可以安静地写文章、写信，也可以毫无拘束地在樱花林中散步。他有空就来找我，我们有话就交谈，无话便沉默。他比我讲得多些，他听说我不喜欢在公开场合讲话，便告诉我他第一次在大学讲课，课堂里坐满了学生，他走上讲台，那么多年轻的眼睛望着他，他红着脸，一句话也讲不出来，只好在黑板上写了五个字："请等五分钟。"他就是这样开始教课的。他还告诉我在这之前，他每个月要卖一部稿子养家，徐志摩常常给他帮忙。后来，他写多了，卖稿有困难，徐志摩便介绍他到大学教书，起初到上海中国公学，以后才到青岛大学。当时青大的校长是小说《玉君》的作者杨振声，后来他到北平工作，还是和从文在一起。

在青岛我住了一个星期。离开的时候，他知道我要去北平，就给我写了两个人的地址，他说到北平可以去看这两个朋友，不用介绍只提他的名字，他们就会接待我。

在北平我认识的人不多，我也去看望了从文介绍的两个人，一位姓程，一位姓夏；一位在城里工作，业余搞点翻译；一位在燕京大学教书。一年后我再到北平，还去燕大夏云的宿舍里住了十几天，写完了中篇小说《电》。我只说是从文介绍，他们待我十分亲切。我们谈文学，谈得更多的是从文的事情，他们对他非常关心。以后我接触到更多的从文的朋友，我注意到他们对他都有一种深的感情。

在青岛我就知道他在恋爱。第二年我去南方旅行，回到上海，得到从文和张兆和在北平结婚的消息，我发去贺电，祝他们"幸福无量"。从文来信要我到他的新家做客。在上海我没有事情，决定到北方去看看。我先去天津南开大学，同我哥哥李尧林一起生活了几天，便搭车去北平。

我坐人力车去府右街达子营，门牌号数记不起来了，总之，顺利地到了沈家。我只提了一个藤包，里面一件西装上衣、两三本书和一些小东西。从文带笑地紧紧握着我的手说："你来了。"就把我接进客厅。又介绍我认识他的新婚夫人，他的妹妹也在这里。

客厅连接一间屋子，房内有一张书桌和一张床，显然是主人的书房。他把我安顿在这里。

院子小，客厅小，书房也小，然而非常安静，我住得很舒适。正房只有小小的三间，中间那间又是饭厅，我每天去三次就餐，同桌还有别的客人，都让我坐上位，因此感到一点拘束。但是除了这个，我在这里完全自由活动，写文章看书，没有干扰，除非来了客人。

我初来时从文的客人不算少，一部分是教授、学者，另一部分是作家和学生。他不在大学教书了。杨振声到北平主持一个编教科书的机构，从文就在这机构里工作，每天照常上下班，我只知道朱自清同他在一起。这个时期，他还为天津《大公报》编辑《文艺副刊》，为了写稿和副刊的一些事情，经常有人来同他商谈。这些已经够他忙了，可是他还有一件重要的工作：天津《国闻周报》上连载《记丁玲》。

根据我当时的印象，不少人焦急地等待看每一周的《国闻周报》。这连载是受到欢迎、得到重视的。一方面人们敬爱丁玲，另一方面从文的文章有独特的风格，作者用真挚的感情讲出读者心里的话。丁玲几个月前被捕，我从上海动身时《良友文学丛书》的编者赵家璧委托我向从文组稿，他愿意出高价得到这部"好书"，希望我帮忙，不让别人把稿子拿走。我办到了，可是出版界的形势越来越恶化，赵家璧拿到全稿，已无法编入丛书排印，过一两年，他花几百元买一位图书审查委员的书稿，算是行贿，《记丁玲》才有机会作为《良友文学丛书》见到天日。可是删削太多，尤其是后半部那么多的 ××！以后也没有能重版，更谈不上恢复原貌了。

55 年过去了，从文在达子营写连载的事，我还不曾忘记，写到结尾他有些紧张，他不愿辜负读者的期待，又关心朋友的安危，交稿期到，他常常写作通宵。他爱他的老友，他不仅为她呼吁，同时也在为她的自由奔走。也许这呼吁、这奔走没有多大用处，但是他尽了全力。

最近我意外地找到 1944 年 12 月 14 日写给从文的信，里面有这样的话："前两个月我和家宝常见面，我们谈起你，觉得在朋友中待人最好、最热心帮忙的人只有你，至少你是第一个。"这是真话。

　　我记不起我是在什么情形里写下这一段话。但这的确是真话。在 1934 年也是这样，在 1985 年我最后一次看见他，他在家养病，假牙未装上，讲话不清楚。几年不见他，有一肚皮的话要说，首先就是 1944 年 12 月信上那几句。但是望着病人的浮肿的脸，坐在堆满书的小房间里，我觉得有什么东西堵塞了咽喉，我仿佛回到了 1933 年、1934 年。多少人在等待《国闻周报》上的连载，他那样勤奋工作，那样热情写作。《记丁玲》之后又是《边城》，他心爱的家乡的风景和他关心的小人物的命运，这部中篇经过几十年并未失去它的魅力，还鼓舞美国的学者长途跋涉，到美丽的湘西寻找作家当年的足迹。

　　（选自《怀念从文》，载于《新文学史料》1989 年第 5 期，题目为编者加）

好像从文尚在人间

梁实秋[*]

我现在先发表他一封信，大概是民国 19 年间他在上海时候写给我的。信的内容没有什么可注意的，但是几个字写得很挺拔而俏丽。他最初以"休芸芸"的笔名向《晨报副镌》投稿时，用细尖钢笔写的稿子就非常出色，徐志摩因此到处揄扬他。后来他写《阿丽思中国游记》分期刊登《新月》，我才有机会看到他的笔迹，果然是秀劲不凡。

从文虽然笔下洋洋洒洒，却不健谈，见了人总是低着头羞答答的，说话也是细声细气。关于他"出身行伍"的事他从不多谈。他在民国 19 年三月写过一篇《从文自传》，关于此点有清楚的交代，他说："因为生长地方为清时屯戍重镇，绿营制度到近年尚依然存在，故于过去祖父曾入军籍，作过一次镇守使，现在兄弟及父亲皆仍在军籍中做中级军官。因地方极其偏僻，与苗民杂处聚居，教育文化皆极低落，故长于其环境中的我，幼小时显出生命的那一面，是放荡与诡诈。12 岁我曾受过关于军事的基本训练，15 岁时随军外出曾作上士。后到沅州，为一城区屠宰收税员，不久又以书记名义，随

* 梁实秋（1903—1987），原名梁治华，浙江杭州人。著名作家、文学翻译家。1923 年清华大学毕业后，留学美国，获文学硕士学位。1926 年回国后，历任北京大学等八所大学教授。1949 年去台湾，曾任台湾师范大学英语系主任、教授，英语研究所主任等职。

某剿匪部队在川、湘、鄂、黔四省边上过放纵野蛮约三年。因身体衰弱，年龄渐长，从各样生活中养成了默想与体会人生趣味的习惯，对于过去生活有所怀疑，渐觉有努力位置自己在一陌生事业上之必要。因这憧憬的要求，糊糊涂涂地到了北京。"这便是他早年从军经过的自白。

由于徐志摩的吹嘘，胡适之先生请他到中国公学教国文，这是一件极不寻常的事，因为一个没有正常的适当的学历资历的青年而能被人赏识于牝牡骊黄之外，是很不容易的。从文初登讲坛，怯场是意中事，据他自己说，上课之前做了充分准备，以为资料足供一小时使用而有余，不料面对黑压压一片人头，三言两语地就把要说的话都说完了，剩下许多时间非得临时编造不可，否则就要冷场，这使他颇为受窘。一位教师不善言辞，不算是太大的短处，若是没有足够的学识便难获得大家的敬服。因此之故，从文虽然不是顶会说话的人，仍不失为成功的受欢迎的教师。记问之学不足以为人师，需要有启发别人的力量才不愧为人师，在这一点上从文有他独到之处，因为他有丰富的人生经验和好学深思的性格。

在中国公学一段时间，他最大的收获大概是他的婚姻问题的解决。英语系的女生张兆和女士是一个聪明用功而且秉性端庄的小姐，她的家世很好，多才多艺的张充和女士便是她的胞姊。从文因授课的关系认识了她，而且一见钟情。凡是沉默寡言的人，一旦堕入情网，时常是一往情深，一发而不可收。从文尽管颠倒，但是没有得到对方青睐。他有一次急得想要跳楼。他本有流鼻血的毛病，几番挫折之后苍白的面孔愈发苍白了。他会写信，以纸笔代喉舌。张小姐实在被缠不过，而且师生恋爱声张开来也是令人很窘的，于是有一天她带着一大包从文写给她的信去谒见胡校长，请他做主制止这一扰人举动的发展。她指出了信中这样的一句话："我不仅爱你的灵魂，我也要你的肉体。"她认为这是侮辱。胡先生皱着眉头，板着面孔，细心听她陈述，然后绽出一丝笑容，温和地对她说："我劝你嫁给他。"张女士吃一惊，但是禁不住胡先生诚恳的解说，居然急转直下默不作声地去了。胡先生曾自诩善于为人作伐，从文的婚事得谐便是他常常乐道的一例。

在青岛大学从文教国文，大约一年多就随杨振声（今甫）先生离开青岛到北平居住。今甫到了夏季就搬到颐和园赁屋消暑，和他做伴的一位干女儿，自称过的是帝王生活，优哉游哉地享受那园中的风光湖色。此时从文给今甫做帮手，编中学国文教科书，所以也常常在颐和园出出进进。书编得很精彩，偏重于趣味，可惜不久抗战军兴，书甫编竣，已不合时代需要，故从未印行。

从文一方面很有修养，一方面也很孤僻，不失为一个特立独行之士。像这样不肯随波逐流的人，如何能不做了时代的牺牲？他的作品有四十几种，可谓多产，文笔略带欧化语气，大约是受了阅读翻译文学作品的影响。

此文写过，又不敢相信报纸的消息，故未发表。读聂华苓女士作《沈从文评传》（英文本，1972 年纽约 Twayne Publishers 出版），果然好像从文尚在人间。人的生死可以随便传来传去，真是人间何世！

（选自《忆沈从文》，载于《执拗的拓荒者：回忆沈从文》，刘未鸣、韩淑芳主编，中国文史出版社 2019 年版，题目为编者加）

一个有特殊风格的人

季羡林 *

我认识沈先生已经五十多年了。当我还是一个大学生的时候，我就喜欢读他的作品。我觉得，在所有的并世的作家中，文章有独立风格的人并不多见。除了鲁迅先生之外，就是从文先生。他的作品，只要读上几行，立刻就能辨认出来，决不含糊。他出身湘西的一个破落小官僚家庭，年轻时当过兵，没有受过多少正规的教育。他完全是自学成家。湘西那一片有点神秘的土地，其怪异的风土人情，通过沈先生的笔而大白于天下。湘西如果没有像沈先生这样的大作家和像黄永玉先生这样的大画家，恐怕一直到今天还是一片充满了神秘的土地。

我同沈先生打交道，是通过一件不大不小的事情。丁玲的《母亲》出版以后，我读了觉得有一点意见要说，于是写了一篇书评，刊登在郑振铎、靳以主编的《文学季刊》创刊号上。刊出以后，我听说，沈先生有些意见。我于是立即写了一封信给他，同时请求郑先生在《文学季刊》创刊号再版时，把我那一篇书评抽掉。也许就由于这一个不能算是太愉快的因缘，我们就认

---

* 季羡林（1911—2009），山东清平（今临清）人。语言学家、文学家、翻译家、教育家。1935年赴德国哥廷根大学学习梵文、巴利文、吐火罗文，研究印度古代语言和佛典，1941年获哲学博士学位。1946年回国后，担任北京大学教授兼东方语言文学系主任。1978年起兼任北京大学副校长、南亚研究所所长、中国比较文学学会名誉会长等职。

识了。我当时是一个穷学生，沈先生是著名的作家，社会地位虽不能说如云泥之隔，毕竟差一大截子。可是他一点名作家的架子也不摆，这使我非常感动。他同张兆和女士结婚，在北京前门外大栅栏撷英番菜馆设盛大宴席，我居然也被邀请。当时出席的名流如云，证婚人好像是胡适之先生。

从那以后，有很长的时间，我们并没有多少接触。一直到1946年夏天，我回到祖国。这一年的深秋，我终于又回到了别离了十几年的北平。从文先生也于此时从云南复员来到北大，我们同在一个学校任职。当时我住在翠花胡同，他住在中老胡同，都离学校不远，因此我们也相距很近。见面的次数就多了起来。他曾请我吃过一顿相当别致、毕生难忘的饭，云南有名的气锅鸡。锅是他从昆明带回来的，外表看上去像宜兴紫砂，上面雕刻着花卉书法，古色古香，虽系厨房用品，然却古朴高雅，简直可以成为案头清供，与商鼎周彝斗艳争辉。

就在这一次吃饭时，有一件小事给我留下了深刻的印象。当时要解开一个用麻绳捆得紧紧的什么东西。只需用剪子或小刀轻轻地一剪一割，就能弄开，从文先生却抢了过去，硬是用牙把麻绳咬断。这一个小小的举动，有点粗劲，有点蛮劲，有点野劲，有点土劲，并不高雅，并不优美；然而，它却完全透露了沈先生的个性。在达官贵人、高等华人眼中，这简直非常可笑，非常可鄙。可是，我欣赏的却正是这一种劲头。我自己也许就是这样一个"土包子"，同那些只会吃西餐，穿西装，半句洋话也不会讲，偏又自认为是"洋包子"的人比起来，我并不觉得低他们一等。不是有一些人也认为沈先生是"土包子"吗？

还有一件小事，也使我忆念难忘。有一次我们到什么地方去游逛，可能就是中山公园吧。我们要了一壶茶。我正要拿起壶来倒茶，沈先生连忙抢了过去，先斟出了一杯，又倒入壶中，说只有这样才能把茶味调得均匀。这当然是一件微不足道的小事，然而在琐细中不是更能看到沈先生的精神吗？

小事过后，来了一件大事：我们共同经历了北平的解放。在这个关键时刻，我并没有听说，从文先生有逃跑的打算，他的心情也是激动的，虽然他并不故作革命状，以达到某种目的。他仍然是朴素如常。可是厄运还是降临到他头上来。一个著名的马列主义文艺理论家，在香港出版的一个进步的文艺刊物上，发表了一篇长文，题目大概是什么《文坛一瞥》之类，前面有一段相当长的修饰语。这一位理论家视觉特别发达，他在文坛上看出了许多颜色。他"一瞥"之下，就把沈先生"瞥"成了粉红色的小生。我没有资格对这一篇文章发表意见。但是，沈先生好像是当头挨了一棒，从此被"瞥"下了文坛，销声匿迹，再也不写小说了。

一个惯于舞笔弄墨的人，一旦被剥夺了写作的权利，他心里是什么滋味，我说不清；他有什么苦恼，我也说不清。然而，沈先生并没有因此而消沉下去，文学作品不能写，还可以干别的事嘛。他是一个精力旺盛的人，他是一个闲不住的人，他转而研究起中国古代的文物来，什么古纸、古代刺绣、古代衣饰等，他都研究。凭了他那一股惊人的钻研的能力，过了没有多久，他就在新开发的领域内取得了可喜的成绩。他那一本讲中国服饰史的书，出版以后，洛阳纸贵，受到国内外一致的高度的赞扬，他成了这方面的权威。他自己也写章草，又成了一个书法家。

有点讽刺意味的是，正当他手中的写小说的笔被"瞥"掉的时候，从国外沸沸扬扬传来了消息，说国外一些人士想推选他作诺贝尔文学奖奖金的候选人。我在这里着重声明一句，我们国内有一些人特别迷信诺贝尔奖奖金，迷信的劲头，非常可笑。试拿我们中国没有得奖的那几位文学巨匠同已经得奖的欧美的一些作家来比一比，其差距简直有如高山与小丘。同此辈争一日之长，有这个必要吗？推选沈先生当候选人的事是否进行过，我不得而知。沈先生怎样想，我也不得而知。我在这里提起这一件事，只不过把它当作沈先生一生中一个小小的插曲而已。

我曾在几篇文章中都讲到，我有一个很大的缺点，我不喜欢拜访人，有很多可尊敬的师友，比如我的老师朱光潜先生、董秋芳先生等，我对他们非常敬佩，但在他们健在时，我很少去拜访。对沈先生也一样。偶尔在什么会上，甚至在公共汽车上相遇，我感到非常亲切，他好像也有同样的感情。他依然是那样温良、淳朴，时代的风风雨雨在他身上，似乎没有留下什么痕迹。一谈到中国古代科学和艺术等，他就喜形于色，眉飞色舞，娓娓而谈，如数家珍，天真得像一个大孩子。这更增加了我对他的敬意。我心里曾几次动过念头：去看一看这一位可爱的老人吧！然而，我始终没有行动。现在人天隔绝，想见面再也不可能了。

（载于《执拗的拓荒者：回忆沈从文》，刘未鸣、韩淑芳主编，中国文史出版社 2019 年版）

在大屋周的日子

张学琦

20世纪70年代初，我由宜昌调至咸宁双溪卫生院工作。当时政治活动频繁，会多、公差多，因此偌大一个卫生院仅剩一个医生和一个护士。我那时既看门诊，又管病房，经常是内、外、妇、儿科都看，白天黑夜连续工作。

当时，文化部"五七"干校的大本营在咸宁向阳湖，双溪大屋周驻有一个连队，那里原有个煤窑，干校的同志一面搞"斗、批、改"，一面挖煤，以供向阳湖干校使用。连队没有医务室，因此连里的同志们凡有病痛都得来卫生院，接触多了，许多人便成了朋友。大屋周离双溪镇虽仅三四里之遥，我却从未去过，一是由于工作太忙，走不脱；再者，也实在不忍目睹他们趴在煤窑挖煤的惨状。

一天，我照例坐门诊，来了一位年逾花甲的老人，他中等个子，穿着普通，戴一副近视镜，说话带湘西口音，说是患有高血压，要求量一下，开点药。我给他量过血压很吃惊，收缩压240毫米汞柱，舒张压130毫米汞柱。我从医时间不长，像这样高血压的病人还见得不多，很有些为他担心，建议他住院。他却不以为然地说没关系，经常是这样，吃点药就行了。我准备给他开药时，他说只要点水合氯醛，我便通知药房配制。当我拿出处方笺询问他的名字时，他才告诉我他叫沈从文。我不敢相信自己的耳朵，难道眼前这位老人就是我少年时代就知道的大作家沈从文吗？读中学时我爱好文学，有空便去新华书店，隔着玻璃，书柜中草绿色封面的《沈从文文集》，可望而不可得，不能像其他书籍一样翻阅，对沈从文便增添了几分崇敬与神秘感。据我所知，当时大屋周并没住作家，而且患有高血压的作家竟是孤零零一个人来医院看病……

当我问他是不是作家沈从文时，他点了点头，并对我说明只身一人来双溪的原因。原来，沈从文先生与夫人是一道下放咸宁向阳湖文化部"五七"干校的，沈先生年老多病，不能在干校随队劳动，双溪有个连队，正好有个照应，因此便被安排到了双溪，从此便与妻儿天各一方。谈话时，先生脸上流露着无奈与苦涩。当我问到他的生活时，他很有些为自己庆幸，说是住在区政府旁的民房里，吃住不用操心，一日三餐都在区政府食堂买，倒也清闲。我也简要说明自己大学毕业辗转调动的经历，彼此都说了些安慰的话，同是天涯沦落人，有些同病相怜的感觉。给他取药后，我送他到医院门口，叮嘱他不适随诊。望着他渐渐远去的背影，我百感交集。一个国内外知名的作家今天尚且如此，我一个初出茅庐的年轻医生还有什么苦恼！

以后，先生常来量血压，开水合氯醛，每次我仅给开三四天的药。一方面，可常见到沈先生；另一方面，因为水合氯醛是镇静剂，久服可以成瘾，量大可使血压骤降，我怕引发意外。因此，我没有满足先生多开几天药的请求，说是此药不能多开，不能久置。他似看出我不必要的担心，摇了摇头，只是依了我，隔三岔五来医院。

一次，原国家电影局李檩局长来医院，谈及沈老情况。他说沈先生最近写了首长诗《思入蜀》，问我可曾见到，我说没有。他告诉我先生的儿子远在四川，夫人在向阳湖，一家三处，沈先生希望到四川去与儿子团聚。我要求李檩同志满足他的愿望，李檩为难地笑了笑，我领会到他的苦衷。临行，他再三嘱咐我要多关心沈老。

当时的双溪区革委会设在双溪街的一间老式祠堂里，沈老住在这间祠堂旁的一栋老民居里。这是一栋三进的旧民居，坐西朝东，沈老住在中堂左侧的厢房里。房子较小，与南方所有的旧民居一样，窗子小，光照自然较差。窗外是一方天井，对面的厢房被房东用作牛栏。我第一次去看沈老时，他指着对面的厢房幽默地对我说："我住牛棚了。"我真担心他夏天如何生活，他看出了我的担心，转过话题说，生活倒也方便，房东待他也很好，三餐吃食堂，闲时看看书或到双溪河边漫步，拾些卵石或碎瓷片，无人相扰，生活倒也安静。夫人每月由向阳湖来一次，为他浆洗，顺便也带些吃的来，叫我不必担心。

以后，沈老随杨堡卫生所一道搬入了杨堡小学。小学离区卫生院较近，我去过几次，那里光照、通风与卫生条件均比原民居强，房子宽敞些，沈老的心情自然也好了许多。他在房里支起了一个可拆卸的书架，上面放了一些书籍及各种古瓷碗碎片，上面写满蝇头小字，注明年代与出处等。可惜我对考古学一无所知，也不知道其价值所在。他还拿出所编著出版的《唐宋铜镜》等装帧精美的考古学著作，像天真的孩子如数家珍地一件件、一本本地拿给我看，沉浸在一种难得的喜悦中。当我问到他"文革"初期是否受到冲击时，他似乎有些得意地对我说，新中国成立后较少文学写作，一直从事考古研究，没有辫子给人抓，因此没有受到冲击。

杨堡卫生所的张小阶医生成了沈老的邻居。张医生是武汉人，由中山医科大学毕业分配来杨堡，常与沈老一道谈天。张医生常请我会诊，这样我去杨堡卫生所见沈老的机会更多了。一次沈老的夫人来双溪为他浆洗，见到我时，沈老将夫人——作家张兆和女士向我介绍，并说夫人由于身体好，留在向阳湖干校劳动。沈老显得非常高兴与激动。他们很珍惜每月一次的相聚，每次来，先生都要陪她逛双溪街集市、商店，在田间小道、双溪河边散步。沈老说双溪的风景不错。

（选自《忆沈从文先生》，载于《执拗的拓荒者：回忆沈从文》，刘未鸣、韩淑芳主编，中国文史出版社 2019 年版，题目为编者加）

沈先生印象

陈禄华

　　抗日战争胜利前，我在昆明与沈先生有过一段较长时间的接近。并在那灾难深重的日子里，得到过先生的真诚帮助和关怀，更受过他耳提面命的教诲。当时我接触过的人都说他不仅是一位不平凡的天才学者，而且认为他是一位出污泥而不染的人物。沈先生的一生挚友除了夫人张兆和先生和几个同行知己外，便是每天不离身的由北方带来的文房四宝和到南方后新购的"彭三和""桂禹声"两支湘土名产毛笔，还有一支他从未启用过的精制竹盒所藏的"玉屏筲"。此外，便是成堆的书刊了。

　　他平时少社交，在他的同行中也多半是一种"君子之交"，在我的印象中，多是夹着书本点头而过。当时西南联大师生生活艰苦，学习紧张，终日匆匆忙忙，像躲警报一样，其他事无暇顾盼。

　　有一次，我看到沈先生从斋务股领取书店刚寄来的一包书刊出来，时值朱自清教授在旁，两人一见不舍，促膝长谈。分手时他取出新书相赠，当朱教授表示谢意时，他微笑不语，摇头而去。平时接触较多的是闻一多教授了，这是我常见到的，有时我还参与其间。我们几个湘西人背后称呼他是"闻多公"。闻先生，精雕刻，是个金石名家，由于薪水少，凭这点手艺搞点补贴。西南联大是一个从北方迁移逃难来的学校，师生们的生活是十分清苦的。沈先生和其他人一样，蓄着长发，衣着长衫，闻先生还留着长须。他们长年累月穿着蓝布长衫，遮盖着破旧的内衣。我第一次看到华罗庚教授时，也是长衫罩身，还露着光脚。联大校长出门只坐人力车。而邻校云南大学校长熊庆来（原清华数学系主任）则是轿车出入，相形之下联大师生却独具风格。闻一多教授的雕刻在昆明是享有盛名的，沈先生则成了他的义务宣传员和介绍人。沈先生在昆明的宿舍靠学校附近，地名叫文林街又叫先生坡的一栋旧楼房，由于临近街道，无形中变成了治印章的接洽点，不少人奉以重金作报酬，受到闻先生的婉言谢绝，一般好友更是分文不取，刻完后，还在侧面刻字留念如"壬午年，一多治印"等。闻一多教授遇难时，沈先生悲愤欲绝。

（选自《遥远的记忆》，载于《执拗的拓荒者：回忆沈从文》，刘未鸣、韩淑芳主编，中国文史出版社 2019 年版，题目为编者加）

时代的风雨在他身上

陈禄华

　　西南联大师生的清苦生活是人所共知的。沈老先生洁身安贫，他还乐意资助别人，对一些有困难的人总是解囊相助，或是代谋职业。给我印象最深的是一次图书馆捉贼，那是一个学生在看书中趁人不备挟书逃跑，被管理员赶上捉住。结果两人却抱头痛哭，原来他们是从小同学，随着战争逃奔后方，贫困逼得他干出此事。沈先生对此表示了无比的同情，并上门给予资助。

　　当时昆明市商会办有一所补习学校，沈先生介绍我在那学校参加半工半读，后来他为了让我有个好的学习环境，又介绍我进入西南联大工作，使我便有更多机会听到不少名士学者的讲学和演说。当时昆明市商会董事长周润仓是昆明的巨商大富，周为了结交名士，提高身价，曾多次表示要同沈先生交朋友，并以重金许愿，提供研究写作方便。沈先生对此根本不屑一顾，无动于衷。西南联大在复员前，昆明工商界人士曾委托学校训导长查良钊先生持纪念册要求一些名教授题词留念，沈先生在题词中对于他们过去一段长期的关心和同情表示了充分的谢意。昆明人，特别是一些工商界人士，对联大师生较有感情，比如一部新影片的放映，他们要先给学校师生观看。记得有一次沈没有去，片名叫《牡丹花开》；另一次去了，片名叫《月落乌啼霜满天》，是联大老师重新给它们更名的，原译为《月亮下落》和《天快亮了》，演的内容是盟军反攻，其中有苏军摧毁德军隆美尔兵团等镜头，影片更名后，昆明南屏剧院空前叫座。

昆明市商会地处通衢大道，沈先生常经过这里，总喜欢在这里的门内休息闲聊，或代人书写家信，因此很受工人们的欢迎和爱戴。有一次一个工人关切地问沈先生每餐吃得饱吗？又问联大老师遇到公家请客便空起肚子去吃，这是真的吗？因当时曾有一家报刊上的小品文讽刺联大教授每遇宴会便"空腹以往，以便满载而归"，又云："曾经遇某单位一贯节约，届时仅以茶点飨客，致使教授们啼笑皆非，空去空回。"当时沈先生幽默地回答说："人家讲我们吃着大米白面嫌不好，你却说我们吃不饱饭。"这原是昆明特务在社会上编的一首顺口溜："白面大米反饥饿，棒子小米扭秧歌。"意思是国民党给饭吃却遭反对，另一边是饿起肚子去拥护共产党。

沈先生的一个学生是《昆明晚报》的记者，曾到此作过采访，报道前他来征询沈先生的意见，沈先生惊恐之余，向这位记者一个90度的鞠躬，请他收回了稿件。

沈先生热爱乡土，特别是一些迷惘的青年在开始接触他和兆和先生时，从他们的慈祥和蔼中，深深感到一种多么亲切之情。我们在先生的谆谆教导下，一股奋发向上的心情便油然而生。他对青年进行着民族复兴和前途教育。他曾对我们说过，家乡的武人有余，文人不足，更是缺乏科技人才。

记得在1942年，家乡的一伙青年从国民党军营中"开小差"逃跑出走后，在他的鼓励和帮助下，都进入了工厂当技术学徒，我后来听到他们说过，沈先生在为他们提供作为学生的身份证明时曾说过，这是他生平第一次"撒谎"，他为了关心青年的成长而放弃了自己的一贯为人准则。这个工厂的农场场长叫杨文衡，原是青岛大学校长杨振声先生的儿子，他们有故交，杨多次表示他曾接受过沈先生委托，要帮助培养他们成为一代科技人才。沈先生对家乡的青年人也是十分关心爱护。曾经一度涉嫌起义的国民党旅长陈范，在1943年冬被国民党特务枪杀于贵阳附近。在此以前陈被编遣到云南楚雄远征军担任一个闲职，高级参谋，当时来到昆明，我们见面时，除寒暄一些家常外，他心事重重，情绪十分低落。于是，我邀他去看望沈先生，沈先生用自己已熬好的核桃糖待客。陈范平日本来不多言谈，这下他却无话不讲，似在诉苦和发泄气愤。他们去的部队是国民党部队中最受歧视的杂牌中的杂牌，是清一色的湘西军人，他们曾在浙江嘉善保卫战中与日寇周旋过七日七夜，是别的部队所望尘莫及的一支劲旅，曾经一度受过嘉奖，然而最后却被编垮，人员被撤散。他说曾在沅陵受国民党军司令孙连仲召见时，孙的老婆直呼其姓名，他不加理睬掉头而去。沈先生听到这里，对他们的不幸遭遇，深表同情；并说这是他们排除异己的一贯伎俩，他对家乡子弟兵的英勇牺牲，不断称赞和惋惜。他告诉陈范要认清形势，审时度势，谨慎行事。又说"拖"是没有前途的。沈先生的婉言诱导，意境含蓄，陈范既不能做国民党的官，又不能上"梁山泊"，究竟何去何从？沈先生是个民主人士，特别是对陈的由来和平日的政治表现本来就一无所知，他们在初次接触中，是不可能像联大墙报上那样不署名地号召"此路走不通，去找毛泽东"的。

陈在昆明住了四天，与沈先生接触过两次，第二次有同乡江开元在场，并由江做东请吃昆明的过桥米粉。陈范离开昆明动身上火车时，身着全副军装，大约不到一个月仍回到昆明，说是请假回家。一星期后，传说陈在贵阳翻车身亡，但是1943年冬天，听到可靠消息证实，陈范是被国民党特务枪杀后再由汽车压碾灭尸，埋葬在出事地点的一个三岔路口。在此以前，他的一个亲信部属、团长吴光烈已被处决于石门县。沈先生听到这些消息时，无限慨叹和惋惜，他认为家乡人只凭武功，没有政治头脑，缺乏科学知识，还是跳不出传统的"绿林圈子"。沈平日对"绿林"这一词的含义是指重义轻财、劫富济贫的聚义。家乡人会造枪支，而一条车路却始终修不起来。据说是为了阻止省军和中央军的进入，长期的闭关自守，形成了这个"湘西王国"。

西南联大是由三校（北大、清华、南开）合并而成，领导成员由三校校长组成常委会，实行教授治校。它具备了一定的民主基础，当时被誉为中国的民主堡垒，学校的政治气氛浓厚，做到了百花齐放、百家争鸣。我曾在这里的墙报上看到一段资料，其中提到沈先生在白色恐怖中营救过胡也频，后来我又从丁玲的著作中看到了这一事实。丁玲说：从文不懂政治，去找国民党特务说理营救胡也频。墙报并介绍了胡的政治身份和被捕原因。这些情况在当时对沈从文先生来说是完全知道的。但他为了营救一个共产党员，而把自己的祸福安危置之度外，他是完全站在革命人民一边的。就他在联大同行中的密友如闻一多教授的思想言行，他更是一清二楚。闻是当时民盟昆明负责人之一，民盟曾公开提过自己的政治主张，要求结束国民党一党专政，废除特务组织，因此昆明的大小特务对他恨之入骨，还将他与罗隆基二人呼着"闻一多夫，罗隆斯基"，以致后来被暗杀，不正是与胡也频同一性质吗？沈与闻的交好被国民党特务视为"臭味相投"，但沈先生不去考虑后果听其自然去了。

1945年"一二·一"惨案，学生罢课的浪潮波及整个后方的大中学校，国民党政府受到极大的震动。孔祥熙、傅斯年亲临昆明，采取软硬兼施的手段，要求学校动员学生复课。孔曾以改善学生生活为名，出以巨资诱惑学生复课，当他的小车在校门口停下来时，学生贴出巨幅标语"孔氏门中并无此人，滚！"来"欢迎"他。他们由重庆到此敦促学生复课，西南联大教务长潘光旦先生在动员大会上说，"过去我们想罢课就罢课，现在我们想复课就复课"，引起了哄堂笑骂唏嘘之声。有的人在喊："不要唱独脚戏了（潘先生断了一只腿）。"学校无法，紧接着召开了教授会议来采取对策，沈先生认为这个教授会议是对付自己学生的会议，他拒绝参加，以表示抗议。教授会议在清华研究所会议室举行，联大的教授有数百人之多，而参加这个会的只有三四十人。主持会议的是梅贻琦常委（清华校长），但为傅斯年（北大校长）所垄断，结果会议是在一片抗议声中收场。

1946年7月，李、闻惨案发生之后，当时的国民党特务配合军警，气焰十分嚣张，岗哨布满了先生坡联大宿舍一带，白日也不许通过，沈先生被围困在宿舍里，失去自由，后来这些军警又唤来了宪兵，形势更加严峻。沈家居住在离昆明十多里的呈贡县桃园村，这段时间沈先生不顾家属安危，而与学生共休戚，从不离开学校一步。

当时驻扎在昆明的宪兵团长叫彭景仁，是湘西同乡保靖县人，在联大复员离开昆明前，他曾设宴为沈先生饯行。开始沈先生拒绝去，后来一个凤凰同乡刘××邀约他说：彭哥今天请客，你有牢骚正好向他说。沈先生临时邀了一些在校的湘西同学到彭家去了，我记得有严超、吴瑞之、周礼全等人。彭在席间只谈乡情，不谈政治。席间沈多次启发他对形势的认识，并晓以民族大义，指明前途方向，并介绍了陈范依蒋的下场，直到席散，我们离开彭家时，彭送至门外，我只听到沈先生向他说了一句"好自为之"便招手而别。新中国成立后，我在保靖似有所闻，彭在台湾已被国民党处决。他有个儿子在美国煤炭部任职，曾来过中国洽谈业务，回到湘西，经凤凰时曾在新大桥停车留影。

抗日战争胜利前夕，苏联出兵东北，当时联大校园政治气氛紧张，各党派系的活动都反映在校门口的民主墙上，正反两面的宣传各显神通。沈先生的一个学生叫白平陛，是云南省商会的秘书长，我听到先生和他在一次交谈中指出："苏联出兵东北，是对日本法西斯的致命打击，战争将会很快结束，人们的流亡生活也会随着战争的胜利而告结束。"他边讲边比画着手势高兴地说："我们又要返回故都看到'子民堂'了！"俄顷间又低沉下来，两手向膝盖一搁说："苏联出兵东北也会给人制造反宣传的借口，现在已经出现并酝酿着一次示威游行。"他十分恳切地说："千万不要随声附和，受骗上当，做出亲痛仇快的事来。"

记得就在此前不久，校园内举办了一次时事演讲。请的是校内外学术界名人，参加听讲的除往日常见的外，这次与往常有些异样，其中还夹着工商界和国民党政府的官职人员。我开始感到这不是一次寻常的学术集会，而是事先准备好了的有组织有领导的一次阴谋策划。台上演说的内容很有鼓动性，比如说"祖国是自己的母亲，现在有人占了你的母亲，你是否还要经过调查研究，翻阅一下法律书，然后再去将他赶走"？我当时若有所思，但想到沈先生的话——"不要随声附和，受骗上当"，我始终站得远远的，看到他们在一片喊闹声中离开校门。这个不成行的游行队伍，每到一处，便有一伙人扛着本行业的旗号招牌插进队伍里来，他们不明真相，显然是奉命参加。游行中也有少数几个职业学生带头呼叫口号。

沈先生由乡下回到学校，他表示声援吴晗教授的讲话，吴曾在游行前揭露痛斥了那次集会的阴谋。后来我们在隔壁云大宿舍中一次议论时得知，沈在前些时候曾极力劝阻了部分学生回到他的"洞天佛地"（联大学生宿舍在一大间中每一行是两张双人床，自由组合，自成一间。上贴有各自的称号，如"洞天佛地"等），准备功课，迎接期考。当时记得还有兆和先生的弟弟张忆和，似也在其中。联大老师的举止动静，一时成了社会议论的中心。

沈先生治学严谨认真，他不拘于形式，不落俗套，这是当时联大的一种风气，有的人说这是蔡元培的风格。它通常就一门功课，由几名教师轮流讲授，各抒己见，拾遗补阙，它集科学文化之大成，也是名士学者云集联大之故。沈先生在上课时还不限于课堂，有时便在学生宿舍，那就是深入到"洞天佛地"之内，边授边议。据他说，用这种漫谈式的讲授，能使人心领神会，既发扬了民主，又密切了师生关系。那时敌机空袭频繁，有一次是在一个防空洞内，忽闻洞外起哄，打下来两架敌机，他们出洞鼓掌，欢呼："顶好！"平时来向他求教的人，也不限于本系学生，一次是在"丙二"食堂的餐桌上，借箸比画，有两个外语系的学生和他讨论《红楼梦》的译作，议论中他提到写作要先体验生活，才能实事求是，写出生动活泼的人物形象，做到喜怒哀乐，如见其人，如闻其声。他说："比如我们每逢礼拜天，烧开水烫虱子杀臭虫，都有过深刻的领会，书写起来便能入微。"他说，杨先生（指数学系主任杨武之）是个数学家，但他算不出一壶开水能杀死多少虫，可是他儿子（杨振宁）知道，那是因为他亲自做过。他举例《红楼梦》中荣府的焦大，哼起鼻音骂"朝天娘"，便是外国人难以理解的。他介绍自己是个湘西佬，对于那地方的风土人情是从生活中体验出来的。沈先生的早期著作，如《神巫之爱》《湘西》，被认为生动离奇，令人神往。在这里即使是一段神话，也都是来自群众，如举行跳刀会仪式来代替发誓，鉴别冤假。还有那"赶尸"的逼真场面，这些都是出自乡土朴素的语言，它反映了整个地方的特点和人们的精神面貌，也充分说明了旧湘西封建神秘不测之处，在他的笔下得到了深刻的揭露。湘西要开发，要更新，它和全国各地一样，只有在党的领导下，解放了，才能"换了人间"。

先生为了人民的利益，本着一个湘西人的朴素感情，默默无闻地奉献出自己的一生，最后是"饮誉中外何寂寞"。

（选自《遥远的记忆》，载于《执拗的拓荒者：回忆沈从文》，刘未鸣、韩淑芳主编，中国文史出版社 2019 年版，题目为编者加）

他们说

刘北汜 [*]

　　沈先生在故宫兼职的时间不过短短两年，当年织绣组里的年轻同志，至今还有些人留在原来的岗位上，从我 1978 年到故宫博物院后，就不止一次，不止一个人带着十分怀念、崇敬的心情向我谈过沈先生了。

　　他们说沈先生没架子，是以身作则的好带路人。每次到故宫来，他总要跟组里青年人一道，进库房，理藏品，搞陈列，甚至亲自动手写展品说明。院外举办的文物展览，他也常带组里人一起去看，引导同去的人一道观摩研究。1957 年，天坛公园里举办西长安街双塔庆寿寺海云可庵和尚塔墓出土文物展，展出的宋代绣花方绸、缂丝花绸、花绫白帽，都是他第一次看到的。事后很久，还常常同组里人讲到这些展品，说他视野又宽了。

　　他们说，沈先生钻研文物，不拘泥于历史文献或已有著作，总要对照实物，比较对照之后，再作出自己的判断。他常带组里的年轻人去前门大街、珠市口一带的估衣店，因为不难从那里发现故宫藏品中所无，而确为明、清时期或更早一些的织绣品或服饰，从中看出不同于其他时期的用料、做法、

---

*　刘北汜（1917—1995），原名刘惠民，吉林延吉人。作家、历史学家。1939 年入西南联大历史系，并开始创作。抗战胜利后，任上海《大公报》编辑，主编《文艺副刊》。新中国成立后，任故宫博物院研究室主任、北京史研究会副会长等职。

纹饰、形制来。有一次，珠市口一家估衣店的老板拿出一件缂丝《麻姑献寿图》，说是清代珍品。沈先生笑笑，指出是民国年间的仿制品，人工作的"旧"。沈先生说得句句在行在理，店老板只好如实承认，同去的组里人则从中上了鉴定缂丝真伪的一课。

他们说，他们学写文物、织绣方面的文章，也得力于沈先生的鼓励。对组里经手的织绣品，沈先生总要一一过目，摘记笔记；对院藏其他文物，他只要有机会看到，也总要认真揣摩一番。每有所得、所见，他总要在组里念叨念叨，公诸同好，或就某一专题发动讨论，推动研究的深入。如果哪个年轻同志写出点什么，他会兴奋得如同文章出自己手，直到帮助那位同志把文章改好才罢手。因而，和他一起工作过的年轻人，在感情上和他是贴近、交融的，以致他离开二十多年后，谈起他来，一种对他的由衷的崇敬和怀念之情，还会情不自禁地流露出来。

他们的这种怀念之情，我自己也亲身感受到一次，使我难以忘记。

1980年，我到故宫博物院工作两年多以后，沈先生写信给我，说他还有些书和零碎东西留在故宫，他不在故宫兼职时未拿走，托我抽空代他查查，他想取回去。

我替他查到了，原来还存在织绣组里，竟是满满一玻璃书橱的书，橱上还有一架雕镂精美的小屏风和其他零碎物品，橱上贴着封条，已经代他保存了二十多年了。

组里的陈娟娟告诉我："这些书，都是沈老在我们组当业务指导时，一本本从家里抱来、提来的。就像蚂蚁搬家，今天搬来几本，第二天又抱来几本，只要我们想看的，或是他认为我们应该看的，哪怕珍本、孤本，他都毫不吝惜地为我们找来，放在组里，由着我们随便翻阅。"

组里另一位同志高霭贞告诉我："那时候，多亏沈先生搬来这些书，又耐心指导我们阅读，我们业务上才有较快的提高。有的古籍我们看不懂，他先拿红笔点出标点符号，再指出重点，一句句讲解，从没见到他不耐烦过。"

我看了看书橱里的书，有我从未见到过的线装书，有早已绝版的民国年间的图书和画册，也有纸张黄了也脆了的早年刊物、报纸。

不久，沈先生的这些存书和其他零碎，由沈虎雏找了车，拉回家了。

沈先生在故宫兼做业务指导的情况，都已是 20 年前的事情，是故宫里人怀念他，才向我提起的。我自己代他寻找存书，距离他这次住院，也已是两三年前的事情了，不知道怎么，这天探视过他之后，离开中日友好医院回来的路上，却一一浮现在我脑际，很多天也没有平复下来。

（选自《执拗的拓荒者——怀念沈从文先生》，载于《新文学史料》1988年第 11 期，题目为编者加）

这手，又能写了

刘北汜

沈先生这次住院三个多月，恢复得较好，在 1985 年 3 月初出院回家。

沈老出院八个多月后，1985 年 11 月 20 日，我到前门东大街他的新居去看他。他脸色红润，精神兴奋，病体显然在好转中，只是行动仍然不便，有人搀扶才能缓缓挪出几步。

我拿出相机，为他和沈夫人照了几张相。他忽然孩子似的乐了，说："等我举起右手，再给我照一张！"

他在沙发上坐正，笑眯眯张着嘴，右手一点点向上举，举过肩头侧。我连按了两下镜头，他大病后又能举起右手的照片便留下了。

相照完了，他很高兴，嘴好半天也没合拢，说："这手，又能写了，又能了。"

嗓音不高而清晰，兴致极高而不像大病之后。

沈夫人也乐呵呵的，说："又待不住了。要给他那本大书出增订本；又计划这个，想那个，又想把他没写完的小专题拾起来……"

沈先生要了圆珠笔和纸，纸下垫本书，放在沙发扶手上，一笔一画写了两个大字：碎金。说他要再看看这本古籍，故宫博物院图书馆里有，要我为他借出，他修订《中国古代服饰研究》时要参考。

我说，我记下了。

他换了一张纸，继续写了七条：

（一）明王锡爵洒金扇及家具模型照（苏州博）；

（二）明初江西益庄王墓葬出土洒金折子扇；

（三）明万历湖南出土二折子扇，有扇坠，用针戳孔作人物山水，似倭扇；

（四）山东明初朱檀墓褶洒金折子扇；

（五）常州出土漆盒盖描金执折扇妇女；

（六）张士诚母墓中金银器；

（七）上海明潘某殉葬家具模型照。

这七种实物照片中，有的是他新发现的，有的是他多年以来孜孜以求，尚未到手，仍然是为了充实他那篇早在 1979 年就已经有了初稿的《扇子应用发展》一文之用的。因为必要的图片一直未凑齐，未搜全，他这篇专著拖到现在迟迟没拿出发表。另外一些，又显然是为他计划写的别的专著准备的。

沈老注意收集图像资料，是为了以图像为主，结合文献进行综合分析，比较探索，从而得出更切合实际的结论。这种研究古代文化、文物的方法，正是他一贯都在坚持的。

沈老要看的《碎金》，是本类书，我从故宫图书馆借到了民国 24 年的影印本，复印了其中《蚕织》《服饰》《彩帛》《缘色》《艺业》《珍宝》等篇，及余嘉锡为影印本写的跋，为沈老挂号寄去，问他是不是还需要复印其他各篇。

书名叫《碎金》而内容相近的书，从宋元到明代洪武、永乐年间，有多种版本，无著撰人姓名，而流传甚广。故宫的这个影印本，原书为明永乐初年利用明洪武四年刻本修改而成，原藏于清宫内阁大库。全书共 40 篇，无卷数，上自乾坤仪学，帝王人伦，下至蚕织服饰，疾病争讼，禽兽水族，等等，均各自成篇，各篇又分若干小篇目。如《服饰》篇，中间就包括男服、靴鞋、女服、首饰、房卧、梳洗、孩服、缁服、僧服、道服、制造等目，分别撰述，检阅很方便。

几天后的 12 月 13 日，沈虎雏写来回信，说是复印各篇正是沈先生要再看看的，"另外的不必复印了"，却又透露了一个令人不安的消息，说是沈先生"近日受天气影响，精神不大好。暖气一连三天出毛病，只有9—14摄氏度"。隆冬天气，屋里气温这样低，正常人都有些受不了，老先生的身体当然难免要受影响了。他要增订《中国古代服饰研究》的工作会不会受影响呢，我又不免惦念不安了。

过去，沈先生写小说，原稿总是改了又改，出书以后，还要在书本上勾勾画画，改正他不满意的字或句子，如今老了又多病，再像过去那样倾注全力在这个增订本上，他吃得消吗？虽然有助手帮助他做这个工作，他自己毕竟力不从心了，会不会拖延很久也没法完成这个准备在国内出、让更多的读者看到的增订本呢？

这一年，沈从文先生83岁。进入老年以后，特别是近十年，不要说"颐养天年"这些字眼和他从来不沾边，相反，他有的只是抓紧时间多做一些工作的紧迫感，即使在病中，他一颗心从来也没有离开他为之入迷的研究古代文化、文物的事业，他那手，从来都是待不住的。

但是，他的体力毕竟一天天衰弱，终于不支了。他的一些专题计划，也都不得不放下来，无法完成了。《中国古代服饰研究》国内增订本在社科院几个助手的协助下，虽已完成，何时能出版，还是个未知数，他自然更看不到了，因为，他已经走完生命的全程，在86岁高龄时，在1988年5月10日，永远阖上了眼睛。

86年的生活历程，沈从文先生是扎扎实实、认认真真地走过来的，一旦打定主意做什么，他就锲而不舍了，终于留下了等身著作，留下了执拗地献身于工作的可贵品格。他留下的精神财富是丰盛的，他自己却默默地离开了。

（选自《执拗的拓荒者——怀念沈从文先生》，载于《新文学史料》1988年第11期，题目为编者加）

给张家小五

张充和[*]

1932 年暑假，三姐在中国公学毕了业回苏州，同姐妹兄弟相聚，我父亲与继母那时住在上海。有一天，九如巷三号的大门堂中，站了个苍白脸戴眼镜羞涩的客人，说是由青岛来的，姓沈，来看张兆和的。家中并没有一人认识他，他来以前，亦并未通知三姐。三姐当时在公园图书馆看书，他以为三姐有意不见他，正在进退无策之际，二姐允和出来了，问清了，原来是沈从文。他写了很多信给三姐，大家早都知道。于是二姐便请他到家中坐，说："三妹看书去了，不久就回来，你进来坐坐等着。"他怎么也不肯，坚持回到已定好房间的中央饭店去了。二姐从小见义勇为，更爱成人之美，至今仍然如此。等三姐回来，二姐便劝她去看沈二哥。三姐说："没有的事！去旅馆看他？不去！"二姐又说："你去就说，我家兄弟姐妹多，很好玩，请你来玩玩。"于是三姐到了旅馆，站在门外（据沈二哥的形容），一见到沈二哥便照二姐的吩咐，一字不改地如小学生背书似的："沈先生，我家兄弟姐妹多，很好玩，你来玩！"背了以后，再也想不出第二句了。于是一同回到家中。

---

[*] 张充和（1914—2015），祖籍合肥，出生于上海，为淮军主将、两广总督署直隶总督张树声的曾孙女，苏州教育家张武龄的四女儿，沈从文夫人张兆和的四妹。张充和国学功底深厚，曾以"数学零分"，仍被破格录取为北大学生，在诗词、昆曲、书法上皆有造诣。1949 年随夫傅汉思赴美后，在哈佛大学、耶鲁大学等二十多所大学执教，传授书法和昆曲。

沈二哥带了一大包礼物送三姐，其中全是英译精装本的俄国小说。有托尔斯泰、陀斯妥也夫斯基、屠格涅夫等著作。这些英译名著，是托巴金选购的。又有一对书夹，上面有两只有趣的长嘴鸟，看来是个贵重东西。后来知道，为了买这些礼品，他卖了一本书的版权。三姐觉得礼太重了，退了大部分书，只收下《父与子》与《猎人日记》。

来我们家中怎么玩呢？一个写故事的人，无非是听他讲故事。如何款待他，我不记得了。好像是五弟寰和，从他每月二元的零用钱中拿出钱来买瓶汽水，沈二哥大为感动，当下许五弟："我写些故事给你读。"后来写了《月下小景》，每篇都附有"给张家小五"字样。

第二次来苏州，是同年寒假，穿件蓝布面子的破狐皮袍。我们同他熟悉了些，便一刻不离地想听故事。晚饭后，大家围在炭火盆旁。他不慌不忙，随编随讲。讲怎样猎野猪，讲船只怎样在激流中下滩，形容旷野，形容树林。谈到鸟，便学各种不同的啼唤，学狼嗥，似乎更拿手。有时站起来转个圈子，手舞足蹈，像戏迷票友在台上不肯下台。可我们这群中小学生习惯是早睡觉的。我迷迷糊糊中忽然听一个男人叫："四妹，四妹！"因为我同胞中从没有一个哥哥，惊醒了一看，原来是才第二次来访的客人，心里老大地不高兴："你胆敢叫我四妹！还早呢！"这时三姐早已困极了，弟弟们亦都勉强打起精神，撑着眼听，不好意思走开。真有"我醉欲眠君且去"的境界。

（选自《三姐夫沈二哥》，载于《我的三个弟弟　做大哥的人》，冰心等著，人民文学出版社 2017 年版，题目为编者加）

让我这乡下人喝杯甜酒吧

张充和

祖父给爸爸取名"武龄",字"绳进"。爸爸嫌这名字封建味太重,自改名"冀牗",又名"吉友",望名思义,的确做到自锡嘉名的程度。他接受"五四"的新思潮。他一生追求曙光,惜人才,爱朋友。他在苏州曾独资创办男校"平林中学"和"乐益女中"。后因苏州男校已多,女校尚待发展,便结束平林,专办乐益女中。贫穷人家的女孩,工人们的女儿,都不收学费。乐益学生中有几个贫寒的,后都成了社会上极有用的人。老师中也有几位真正革命家,有的为革命贡献了他们可贵的生命,有的现在已成为当代有名的教育家或党的领导人。爸爸既是脑筋开明,对儿女教育,亦让其自由发展。儿女婚姻恋爱,他从不干涉,不过问。你告诉他,他笑嘻嘻地接受,绝不会去查问对方的如何如何,更不要说门户了。记得有一位"芳邻"曾遣媒来向爸爸求我家大姐。爸爸哈哈一笑说:"儿女婚事,他们自理,与我无干。"从此便无人向我家提亲事。所以我家那些妈妈向外人说:"张家儿女婚姻让他们'自己'去'由'或是'自己''由'来的。"

话说爸爸与沈二哥谈得十分相投,亦彼此心照不宣。在此之前,沈二哥曾函请二姐允和询爸爸意见,并向三姐说:"如爸爸同意,就早点让我知道,让我这乡下人喝杯甜酒吧。"二姐给他发了一个电报,简约地用了她自己名字"允"。三姐去电报中却说:"乡下人,喝杯甜酒吧。"电报员奇怪,问是什么意思，三姐不好意思地说："你甭管，照拍好了。"

于是从第一封仅只一页，寥寥数语而分量极重的情书，到此时为止，算是告一大段落。

1933年初他们订婚后同去青岛。那时沈二哥在青岛大学教书、写作。暑小杨振声先生约沈二哥编中小学教科用书，与三姐又同到北平，暂寄住杨家。一天杨家人司务送沈二哥裤子去洗，发现口袋里一张当票，即刻交给杨先生。原来当的是三姐一个纪念性的戒指。杨先生于是预支了五十元薪水给沈二哥。后来杨先生告诉我这件事，并说："人家订婚都送给小姐戒指，哪有还没结婚，就当小姐的戒指之理？"

1933年九月九日，沈二哥三姐在北平中山公园的水榭结婚，没有仪式，没有主婚人、证婚人。三姐穿件浅豆沙色普通绸旗袍，沈二哥穿件蓝毛葛的夹袍，是大姐在上海为他们缝制的。客人大都是北方几个大学和文艺界朋友。家中除大姐元和，大弟宗和与我外，还有晴江三叔一家。沈家有沈二哥的表弟黄村生和他的九妹岳萌。

新居在西城达子营。小院落，有一枣一槐。正屋三间，有一厢，厢房便是沈二哥的书房兼客厅。记得他们结婚前，刚把几件东西搬进房那天夜晚，我发现有小偷在院中解网篮，便大声叫："沈二哥，起来！有贼！"沈二哥亦叫："大司务！有贼！"大司务亦大声答话，虚张一阵声势。及至开门赶贼，早一阵脚步，爬树上屋走了。后来发现沈二哥手中紧紧拿了件武器——牙刷。

新房中并无什么陈设，四壁空空，不像后来到处塞满书籍与瓷器漆器。也无一般新婚气象。只是两张床上各罩一锦缎百子图的罩单有点办喜事气氛，是梁思成、林徽因送的。

（选自《三姐夫沈二哥》，载于《我的三个弟弟　做大哥的人》，冰心等著，人民文学出版社2017年版，题目为编者加）

沈二哥极爱朋友

张充和

沈二哥极爱朋友，在那小小的朴素的家中，友朋往来不断，有年长的，更多的是青年人。新旧朋友，无不热情接待。时常有困穷学生和文学青年来借贷。尤其到逢年过节，即使家中所剩无多余，总是尽其所有去帮助人家。没想到我爸爸自命名"吉友"，这女婿倒能接此家风。记得一次宗和大弟进城邀我同靳以去看戏，约定在达子营集中。正好有人来告急，沈二哥便向我们说："四妹，大弟，戏莫看了，把钱借给我。等我得了稿费还你们。"我们面软，便把口袋所有的钱都掏给他，以后靳以来了，他还对靳以说："他们是学生，应要多用功读书，你年长一些，怎么带他们去看戏？"靳以被他说得眼睛一眨一眨的，不好说什么。以后我们看戏，就不再经过他家了。一回头四十多年，靳以与宗和都已先后过世了。

七七事变后，我们都集聚在昆明，北门街的一个临时大家庭是值得纪念的。杨振声同他的女儿杨蔚、老三杨起，沈家二哥、三姐、九小姐岳萌、小龙、小虎，刘康甫父女。我同九小姐住一间，中隔一大帷幕。杨先生俨然家长，吃饭时，团团一大桌子，他南面而坐，刘在其左，沈在其右，座位虽无人指定，却自然有个秩序。我坐在最下首，三姐在我左手边。汪和宗总管我们伙食饭账。在我窗前有一小路通山下，下边便是靛花巷，是中央研究院史语所所在地。时而有人由灌木丛中走上来，傅斯年、李济之、罗常培或来吃饭，或来聊天。院中养个大公鸡，是金岳霖寄养的，一到拉空袭警报时，别人都出城疏散，他却进城来抱他的大公鸡。

那时沈二哥除了教书、写作外，仍还继续兼编教科用书，地点在青云街六号。杨振声领首，但他不常来。朱自清约一周来一两次。沈二哥、汪和宗与我经常在那小楼上。沈二哥是总编辑，归他选小说，朱自清选散文，我选点散曲，兼做注解，汪和宗抄写。他们都兼别的，只有汪和宗和我是整工。后来日机频来，我们疏散在呈贡县的龙街。我同三姐一家又同在杨家大院住前后楼。周末沈二哥回龙街，上课编书仍在城中。

由龙街望出去，一片平野，远接滇池，风景极美，附近多果园，野花四季不断地开放。常有农村妇女穿着褪色桃红的袄子，辊着宽黑边，拉一道窄黑条子，点映在连天的新绿秧田中，艳丽至极。农村女孩子、小媳妇，在溪边树上拴了长长的秋千索，在水上来回荡漾。在龙街还有查阜西一家，杨荫浏一家，呈贡城内有吴文藻、冰心一家。我们自题的名胜有"白鹭林""画眉坪""马缨桥"等。

1941 年后，我去重庆。胜利后我回苏州他们回北平。1947 年我们又相聚在北平。他们住中老胡同北大宿舍。我住他家甩边一间屋中，这时他家除书籍漆盒外，充满青花瓷器又大量收集宋明旧纸。三姐觉得如此买下去，屋子将要堆满又加战后通货膨胀，一家四口亦不充裕，劝他少买，可是他似乎无法控制，见到喜欢的便不放手，及至到手后，又怕三姐埋怨，有时劝我收买，有时他买了送我。所以我还有一些旧纸和青花瓷器，是那么来的，但也丢了不少。

在那宿舍院中，还住着朱光潜先生，他最喜欢同沈二哥出外看古董，也无伤大雅地买点小东西。到了过年，沈二哥去向朱太太说："快过年了，我想邀孟实陪我去逛逛古董铺。"意思是说给几个钱吧。而朱先生亦照样来向三姐邀从文陪他。这两位夫人一见面，便什么都清楚了。我也曾同他们去过。

因为我一个人，身边比他们多几文。沈二哥说，四妹，你应该买这个，应该买那个。我若买去，岂不是仍然塞在他家中，因为我住的是他们的屋子。

（选自《三姐夫沈二哥》，载于《我的三个弟弟　做大哥的人》，冰心等著，人民文学出版社 2017 年版，题目为编者加）

我同我的读者都已老去

张充和

1980 年 10 月 27 日下午 7 时，沈二哥同三姐到达纽约甘乃迪机场。我们兴奋得无可言喻，好容易盼到乘客鱼贯而出，好容易他们出来了，汉思一句话也说不出，我只说：

"累吧，累吧？"

"还好，不累，不累。"三姐答。两人气色很好，不像过分疲劳，这会子我们才定下心来，因他们是生平第一次出国，第一次高空长途旅行，尤其担心的是沈二哥的心脏病。中国社会科学院领导人也极其关心他的健康问题。

当晚到家已近午夜。汉思这天日记只这么一句：

"等了 30 年的一个梦，今天终于实现了。"

把他们安排住我们的卧室，因为里间是我的小书房，他们可用，笔墨齐全，好让沈二哥还些字债。在他来前已有个请他写字的长长名单。

28 日休息一天，此后就开始忙了。29 日去耶鲁大学外事处登记，兼参观善本图书馆。那全用一寸来厚大理石建成的，不通风日，用人工控制温湿度，所以其中一尘不染。中为书库，四周是展览厅同休息室。晴天的阳光透过半透明的部分大理石，可不用灯光。他们上台阶走了一圈，参观些珍本展览。

沈二哥即着手整理演讲材料，写讲稿。其实他已准备得相当周到，但还坐在桌边写。第一次讲演是 11 月 7 日，在哥伦比亚，介绍人是哥大小说史教授夏志清，翻译是汉思，还有沈从文研究专家金介甫共同讨论。听众百余人。外国人中有同金隄翻译他小说的潘彼得；中国人中有个七十以上的老学生，是从老远地方来的，讲后，他站起来向沈二哥报名报到，报他是哪一年的学生。以后见围绕的人太多，没有近前握手谈话便走了。听众中有不少读者都鬓须双白，无怪沈二哥常说：

"我同我的读者都已老去。"

讲后在全家福晚餐，夏志清是主人。在座有台湾两位女记者，一是从甦，一是朱婉清。朱坐近沈二哥，二哥手边有一卷讲稿，讲时始终没有打开来看（以后演讲也是如此，写也要写，带也要带，像是个护身符）。那些朱女士借去马上影印寄台湾，岂知那稿子题目虽同，可不是当天的语言同组织。

（选自《沈二哥在美国东部的琐琐》，载于《执拗的拓荒者：回忆沈从文》，刘未鸣、韩淑芳主编，中国文史出版社 2019 年版，题目为编者加）

跨越数千里的演讲

张充和

在美国东部几个大学，除在普林斯顿大学的演讲没有翻译，在哈佛大学一次是朱虹翻译外，其余都是汉思翻译的。朱虹听惯了她湘西丈夫的口音，英文又好，谈的又是文学本行，所以翻译得斟字酌句，丝丝入扣。

最初，汉思还看讲稿，我怕他也看不懂沈二哥章而简、简而章的字。不过他听湘西话的本领比我强，还一本正经同沈二哥事先谈谈内容及细节。但沈二哥一上讲台，第一不看稿子，第二全是在谈话。谈话同读稿子自有差别，谈话又是流动的，更不与汉思所谈相同。所以汉思以后索性不去看稿子，也不同他谈内容细节了，但知所讲题目便得。沈二哥讲开了头，愈来愈引人入胜，也将他自己引入胜地，大有点滔滔乎其来，或是大海不择细流，或是黄河有泛滥情势，此时也，汉思必采取水利工程法纳入正流。

一次我坐近讲台，听汉思低低地说："你现在讲的是文学。"原来这天讲的是古代服饰。每次无论讲文学或考古，总离不了琉璃厂、古文物。在文学上间接受到古文物的熏陶与修养，在考古上是直接接受同研究。这个同源异派、共树分条的宝藏，永远占他生活中一部分，他永远忘不了，所以有时忘了所讲题目。一经汉思提醒，他若无其事，不慌不忙归还原题，其时听众已入胜境，亦不觉有什么痕迹，比起当年在中国公学第一次上课时，大有天壤之别了。

他最喜引用的是辜鸿铭的两句话，并学着辜鸿铭用手空挽着辫子甩圈子的姿态说："你们虽是剪了辫子，精神上的辫子想剪掉可不容易！"原来哄堂大笑的听众，不得不沉默了。

汉思译了几次后，也就了解他的习惯，在他忘乎其形、江河直下，不让出翻译时间时，也只好总译其大意了。但整个说起来还算忠实。有一回沈二哥提起当小兵时最得意为上司炖狗肉吃。只此一事，汉思可不能忠实译出了，糊糊涂涂地混过去没有翻，中国人吃狗肉不稀奇，可不能让外国人听到，因为他们把狗当成最亲爱的好朋友。怎么可以炖好朋友的肉吃呢？

他在麻省大学演讲文学时，提起早年写小说时的情景，很谦虚地说："我那时写小说，不过是一个哨兵。"汉思译成："我那时写小说，不过是一块烧饼。"还加了一些注，说是中国一种烧饼。洋人听了并不觉得可笑，除饿了三天，烧饼当然是不重要的。不是湘西话的问题，也不是他不懂"哨兵"二字，实在他太爱吃中国的烧饼。

在美国各图书馆中，凡有东方部门，都藏有沈二哥的书，学近代小说的教授与学生更不用说都读过。一般人即使中国人也有看不懂的，有的看了后即上瘾。联合国教中文的陈安娜有一次带有一本沈二哥的"古本"《湘行散记》，书纸成了焦黄色，却没有卷角折角，说是一个人藏了此书数十年，十分宝贵，不但不借与人，还在书后写："版权所有，摸者必究。"藏书人要求作者在书上签名。沈二哥见了，在扉页上题了一段，可惜我没抄下。

沈二哥的一个老朋友，是哥伦比亚大学退休教授王际真，他译了很多书，如《古今小说选译》《〈红楼梦〉节译》，等等。王一个人住纽约，是个大都市中的大隐者。沈二哥两次去看他。他那年已八十多岁，他俩谈起话来，像哥儿俩，快乐天真无比。有的话我们还不懂，我想也许是不大雅致的话吧，因为王际真的说话是没遮拦的。说话间王忽然找出两本沈二哥20年代的旧作，初版的《鸭子》和《神巫之爱》。《神巫之爱》扉页上是沈二哥的大手笔——画——大有山洞中原始初民的风格。

第一次看王际真是在哥大演讲之前，他提了演讲材料，其中是幻灯片的盒子，步履十分轻快，把我们送到讲堂，却不听演讲，也不握别，便回去了。看来他是个不重形式的人。最近同他通过电话，想请他写点文章谈谈沈二哥，因为他是沈二哥海外最老的朋友。他说他从没有写过这类文章。我说随便你，他又说要写。他又报个喜讯给我，他在五个月前结婚了。他虚岁90岁，夫人小他28岁。可惜我已无法转告沈二哥了。

12月23日，上午有一伙沈二哥的新旧朋友，其中有远从南部来的林蒲，他是南部大学文学教授，沈二哥联大时代的学生，满头灰发，精神抖擞。一到之后，还没坐下就打开录音机说："四十多年不见，几千里路飞来——大概指华里——这个下午我要占有老师。"此后便疲劳轰炸，无了无休地谈话录音。我想这谈话一定有意思，有价值。另外朋友只好互相低声谈话，怕搅乱录音。我因忙着午餐茶水，也没有录音。

晚间这伙朋友在黄伯飞、陈葆真家中用膳。黄伯飞是耶鲁中文讲师，也是新诗作家。30年代前后，他父亲在北京沙滩开汉园公寓，那时他才十二三岁。记得清清楚楚，丁玲、胡也频住的哪两间，沈从文住的哪一间。他说从那时起，他就深深种下了文学种子，走向新文学道路，没有继父志做公寓老板。现在成了个诗人，而且多产。他退休时我在纪念册上写了两句："一任天荒地老，依然人疲诗肥。"

沈二哥在美国15个学校23次演讲，从不问今天到哪个学校，见什么人，是什么人介绍。记得在哈佛演讲"古代服饰"，满口贵校美术馆中商代玉人如何如何，及至归途中问："今天去的是什么学校？"这还是第一次问呢。以后便不听到再问了。一次在勃朗大学勒大卫教授家中晚餐，大卫穿着裙，自己掌厨做涮羊肉，忙着加汤加火。他不善于交际，那天的演讲是他主办的。过后我们谈到主人如何如何，沈二哥说："我没见到主人。"

汉思说："请我们到家中吃涮羊肉的就是他。"

沈二哥说："我以为他是大司务呢。"我这才相信王子猷看竹不问主人的故事不是谎造的。他同主人并未交谈。

他们在我处饮食非常简单，早饭是鸡蛋咖啡面包，中晚饭只两三个菜的中餐，按照他喜欢而医生许可吃的东西做。中国人请客仍是满桌菜。一次耶礼学会请在一个考究的俱乐部晚餐，屋子旧旧，桌椅破破，灯光暗暗的，美国人认为如此才有古老情趣。因为是会员才可进去请客，价钱又贵，所以没有什么人，倒是安静异常。在还没有坐定时，沈二哥说："菜不要多，两三个就够。"

我虎了他一眼说："快别说！我连主食副食才一盘呢。"事后在座洋人问我他说什么，听后他们大笑，传为美谈，因为他们都吃过满桌中国菜的。

沈二哥的口味，喜甜，怕辣。前者为人所知，后者知道的可不多。在纽约湖南同乡尹梦龙请他在一个地道湖南馆子吃饭，事先知道他不吃辣，把所有菜中辣子全去掉，他食后说，味道好极了。

偶然他尝到美国的冰淇淋，便每饭后都希望有得吃。因是严冬腊月，谁也不需要。一次我忘了给他，他说："饭吃完了，我走了。"

我没理会，他又说："我真上楼了。"这个"真"字使我奇怪，但仍不解，他站起来作要走姿态，说："我真走了，那我就不吃冰淇淋了。"大家哄然大笑，便拿给他吃。

除耶鲁外，每次演讲都在另一州，回来总是午夜，我同三姐在车子后已经熟睡，他同汉思还在前座说东说西，没有倦意，这对于开车人是有益的，因为黑夜长途，容易倦困。到华盛顿那回，因交通有阻碍，车子一到就上讲堂，堂已满座，没休息就开讲。又一回，第一天在剑桥哈佛讲，第二天就到新泽西罗格斯去讲，两处距离我家都是要开三个多小时汽车。两天内来回就是十四五小时，不要说还要演讲、讨论、招待会，就是雨点般的热情也可以累倒人。一个 78 岁的人有如此精力，现在想起来都不相信。我抱怨汉思把时间排得太多太紧。至于请客，我还婉辞了多处。

沈二哥在此不论大小新旧事都有兴趣，小的如机器中换钱、买物，大的如太空博物馆，他总是不声不响地良久观察。往往考古学家，只重视古器物而忽略新器物。岂不知今之新物，亦犹将来的古物，今之古物，亦犹古之新物。他可算是兼厚古今了。

他在此往往一个人独看电视，我怕他听英文有阻碍，自以为能来帮他解释，谁知他已知底细，反来告诉我故事的原委。因为他看尽人事，写惯小说，不必言语已知来龙去脉了。

我独自送他到芝加哥。因汉思已上课，他课比我繁重。幸而钱存训、夫人许文锦盛情招待，妥为安排演讲、翻译，又引导参观自然博物馆、远东图书馆等，许文锦是我乐益女中初中同学。他们送沈二哥三姐上飞机西去旧金山，在握别时，我同三姐互相亲了一下，也亲了沈二哥一下，他硬挺挺地毫无反应，像个木雕的大阿福。

存训文锦送过他们，又送我上飞机东回康州。这回真就又各分东西了。归途中什么滋味也说不出，但并没有空虚的感觉。因为他们这次来美，给我们的快乐，充实了在异乡的无聊与寂寞，即使他们永不再来，这美好的三个月，已足够我们回味了。

（选自《沈二哥在美国东部的琐琐》，载于《执拗的拓荒者：回忆沈从文》，刘未鸣、韩淑芳主编，中国文史出版社 2019 年版，题目为编者加）

梅兰芳：舞台是一幅图画，一首诗

自爱与爱国

齐如山 *

    谈及他的自爱。民国以前不必谈，民国以后，北方有些军阀，固然也是捧唱戏的，可是给有名之角为难的地方很多，闹得丑声也很多。彼时的名角，也确有一二不自爱之人。所以有如此情形者，所不规则的军阀，大概大家还都知道，而这些军阀的部下，倚势凌人者更多，狐假虎威的气势，尤难对付。梅则对付得不错，他常说，命我唱戏，因为我是这行，当然非唱不可，且永是规规矩矩地唱；至于给钱与否，既然不能抵抗，也就满不介意。唯独他们要找我去，同他们吃吃喝喝、打麻将、叫妓女等的事情去鬼混，就是杀了我，我也不干。因此所有的军阀，也没有逼迫他，大概也是因为他名气大，倘闹得天下皆知，于他们军阀，也不很利，所以他们有所顾忌。然梅之摒挡，也真不容易，此足见他自爱。

---

* 齐如山（1875—1962）：戏曲理论家，与梅兰芳亦师亦友。早年留学欧洲，涉猎外国戏剧。民国初年，就为刚刚崭露头角的梅兰芳编写了大量新戏，如《天女散花》《廉锦枫》《洛神》《霸王别姬》《西施》《太真外传》《凤还巢》等，并进行排演。在舞蹈动作、服饰化妆、剧本文学性各方面皆有创造，开一代新风。在他的倡议奔走下，20世纪二三十年代，梅兰芳几次出访日本、美国及欧洲，使中国京剧得以弘扬海外，跻身世界三大古老戏剧文化之林。1931年，他与梅兰芳、余叔岩等人组成北平国剧学会，建立国剧传习所，从事戏曲教育。主要著作有《说戏》《观剧建言》《中国剧之组织》《京剧之变迁》《梅兰芳艺术之一斑》《梅兰芳游美记》等三十余种。他提出的"无声不歌，无动不舞"论点，是对中国传统戏剧最精练、最准确的概括。

再谈他的气节。九一八事变之后，日本人以溥仪为傀儡，在东三省成立伪满洲国。在未成立之前，日本人使一中国人来找他，请他于伪满洲国成立之日去演几天戏，以志庆祝，戏价定可极力从优，安全绝对保险。他当然不去，如此交涉了几次。

这个中国人说，你们梅府上，三辈都受过清朝的恩典，樊樊山先生他们且有"天子亲呼胖巧玲"等的这些诗句，是人人知道。如今又成立新政府，你自然应该前去庆祝，且此与演一次堂会戏，也没什么分别，有何不可去呢？梅回答得很好，他说：这话不应该这样说法，清朝已经让位，溥仪先生不过一个中国国民，倘他以中国国民的资格，庆寿演戏，我当然可以参加。如今他在敌人手下，另成立一国，是与我们的国家立于敌对的地位，乃我国之仇，我怎么能够给仇人去演戏呢？该人又说，那么从前的恩惠就不算了？梅说：这话更不能说，若严格地说，清宫找戏界唱戏一次给一次钱，也就是买卖性质，就说当差，像中堂尚书等或可说受过恩，当小差使的人多了，都算受恩吗？我们还不及当小差使的人，何所谓恩惠呢？该人无言，事遂作罢。

过几个月，有苏俄教育部约梅兰芳前去演戏，所有条件都谈妥，预定前往苏俄之期，即伪满洲国成立之时。梅对我说，由北平往苏俄，势必经过伪满洲国，倘被他们强留住，演几天戏，是无法抵抗的。其实平平常常，演几天戏也算不了什么，但他们的名义，一定是庆贺伪满洲国，而日本人必借此大肆宣传，这于我实在合不来，苏俄此行，只好作罢。后又经几次接洽，结果规定了所有配角等二十余人由北平乘火车，经东三省赴苏俄，兰芳则一人由上海乘苏俄轮船，直赴海参崴前往。这些情形，日本人当然尽知，然苏俄船在日本靠岸时，日本人对梅还开了一次欢迎会，这当然是日本人的手段，故意表示友好，然此却可见梅之气节。

还有一件，就是日寇时代，梅留须躲于香港。此事几乎人人知道，但其中较详细的经过，则知者甚少，亦可略谈几句。当日本未占北平之前，梅曾与我写信，请我到上海去住，他说北平怕不保险。我给他回信，说上海也不会安定。但他却认为上海有各国租界，在南京政府未迁移之前，他总认为上海是可靠的，所以毫无搬移的心思。迨政府往西一移，他才有移动之心。想追随政府，然政府尚无确定地点，未便移动。后政府决定设在重庆之后，他想去可就不容易了，一则交通已不方便，二则日本对他早已注意，想往重庆，恐怕是万不可能的事情了。日军初到上海，他尚可安居，后来日本势力伸展到租界之中，他看情形不好，才想迁往香港。未迁之前，有人同他说，日本对你向来非常友好，何必迁居呢？日本人说过，所有到日本去的中国人，日本社会呼他们的姓名，永远用和音（日本音），从前只有对李鸿章，则有一部分人呼为中国音，此次梅兰芳到日本，则全国日本人，都呼为中国音。所以梅到美国去的时候，美国报纸中说梅兰芳是六万万人欢迎的名角，意思就是除中国人外，还有日本人一万万以上（两件事情，倒确是有的），有这种情形，你可以不走。梅说：日本人对我自是很好，但对于我们的国，则太可恨了，有什么理由，不管国家，只管自己呢？所以他决定躲到香港。

自日本人占了北平，到日本投降，八年之中，我没有和他通过信，但因为小儿焕也逃到香港，就住在他家二三年之久，他们二人，常常商量同往重庆，但彼时虽然能去，而已不能畅通，有时路间还要走一段。他当然很畏怯，迟延迟延，结果小儿焕自己先去，并商定由小儿到重庆，看情形替他布置，他再前去。结果越来越困难，致未去成。此他未去重庆，停留香港之实在情形有也。

（载于《梅兰芳游美记》，齐如山著，题目为编者加）

演义务戏，则一文不要

齐如山

梅兰芳的艺术，人人知之，且谈者已多，此处不必再赘，所以只谈他之为人。他之为人不但谦和，且极讲信用而仁慈，又自爱而讲气节，兹在下边大略谈谈。他讲信用的地方很多，最浅显最常见的，是演义务戏。北平的风气，为办慈善事业或学校等，常常找戏界人演义务戏，演员无报酬，又可以卖大价，倘办得好，颇能赚钱。不过戏界人，虽明处是不要钱，但他开账时，场面、跟包、配角，等等，所开之价，总比平常加倍还多，暗中自然就把主角应得之数，开在账里了。就是主角不是自动如此，他的办事人，也要这样做。因此闹得开支很多，赚钱有限，且有赔钱而很狼狈的。这种情形，戏界人人知之，常当戏提调之人也都知道，此外知道的人，就很少了。

梅则不如此，规模太小之义务戏他不演，他既答应演义务戏，则一文不要，自己跟包人，自己给钱，其余配角，由义务办事人自己接洽，以昭信用。以上这段话，并非讥讽他人，其实我就不赞成白找人家演义务戏，我的思想是，戏界人之艺术，也是花钱学来的，如同店铺的货物一样，白找人家演戏，就与白搬人家的货物一样，自然倘遇重要事情，则另当别论。所以几十年中，没有找兰芳白演过戏，只有一次，是蔡孑民（元培）、李石曾两先生创办中法大学，曾由我约梅演过一次义务戏，就是未受分文的报酬。前边所说规模太小之义务戏者，系指办一小学等，他如果答应这种，则他一年之中，只能专演义务，无法再演买卖戏，因为求他之人太多，且有许多借端图利之人，所以无法答应也。至于大规模或本戏界之义务戏，则他永远站在前边，盖民国六七年后，老辈如谭鑫培等去世之后，叫座能力以梅居首，所以他永远倡头举办。

他到上海之后，也要赶回北平出演，后几年不能回平，他便在上海约各角合演，所得之款，一半给上海本界贫人，一半汇寄北平。

（载于《梅兰芳游美记》，齐如山著，题目为编者加）

威武不能屈的梅兰芳

梅绍武 *

在纪念抗战胜利 50 周年之际，我不禁想进先父当年蓄须明志的不凡事迹。丰子恺先生曾在《梅兰芳不朽》一文中赞扬先父威武不能屈。诚哉斯言。丰先生写道：

"抗战期间，我避寇居重庆沙坪小屋，这小屋简陋至极，家徒四壁，毫无装饰，墙上只贴着一张梅兰芳留须照片，是上海的朋友从报纸上剪下来寄给我的。我十分宝爱这张照片，抗战期间一直贴在墙上，胜利后带回江南，到现在还保藏在我的书橱中。我欣赏这张照片，觉得这个留须的梅兰芳，比舞台上的西施、杨贵妃更加美丽，因而更可敬仰。在那时候，江南乌烟瘴气，有些所谓士大夫者，卖国求荣，恬不知耻；梅先生在当时只是一个所谓'戏子'，所谓'优伶'，独有那么高尚的气节，安得不使我敬仰？况且当时梅先生已负盛名，早为日本侵略者所注目，想见他住在上海沦陷区中是非常困苦的，但他能够毅然决然地留起须来，拒绝演戏，这真是'威武不能屈'的大无畏精神，安得不使我敬仰？"

---

* 梅绍武（1928—2005），梅兰芳之子。1952 年毕业于燕京大学。著名英美文学翻译家、评论家、戏剧家、作家。主要翻译作品有：《阿尔巴尼亚短篇小说集》《一个匈牙利富豪》《海尔曼老爷》《灰烬的沉默》《马克思和世界文学》《微暗的火》《瘦子》等。

当时我父亲的处境确实是十分困苦而历经艰险的。1937 年八一三事变，日寇占领上海后，父亲虽然住在租界内，却经常受到敌伪分子和地痞流氓的纠缠骚扰，不得不委托挚友冯耿光先生因公去香港之便，代为安排赴港演出计划，以便跳出樊笼。1938 年春，他在香港利舞台演出结束后，便在半山上的干德道 8 号租了一套公寓房子住下来，决定不再返回孤岛。那时有人问他："您曾经于 1919 年和 1924 年两次赴日演出，日本人对您一向友好，何必一定要移居香港呢？"父亲答道："日本人民和艺术家对我确实是友好的，可是他们的军政府对我们国家则是太可恨了。我有什么理由只管自己而不顾国家呢？"

母亲带着我们兄妹四人仍住在上海，只在每年暑假期间去香港和父亲相聚两个月。1941 年暑假后，父亲把葆琛兄和我留在身边，让我们在香港求学，母亲便带着葆玥和葆玖返回上海，为的是照管上海的家并照顾京沪两地许多同行的生活。

父亲蛰居香港，心情虽然悒郁，却对抗战胜利充满了信心。他相信总有一天将会重登舞台，把自己的艺术献给人民，因此他常常夜间独自拉着二胡悉心复习和研究自己的唱腔，并且严格锻炼身体以免发胖。不幸的是 1941年 12 月太平洋战争突然爆发，香港很快就陷落了。父亲看出自己这次难以逃出虎口，便毅然决然地蓄起唇须，胸有成竹地对我们说："我留了小胡子，日本鬼子还能强迫我演戏吗？"他毫不畏惧地等待随时都会到来的凶险。果然不出所料，日本侵略军接连三次胁迫我父亲与他们合作。第一次是敌军司令酒井派一个名叫黑木的日本人前来，令我父亲到设在九龙半岛饭店的司令部去一趟。酒井见他蓄起唇须，问道："您怎能在中年时期就退出舞台？"

父亲沉着地答道："我是演旦角的，如今快五十岁了，扮相差了，嗓子也不行了，已经完全失去演出的条件，早就应该退出舞台，免得献丑丢人！"

酒井听出话中有刺，便说以后再详谈再研究。没过多久，敌寇为了召开一次占领香港的"庆祝会"，要他参加演出。当时父亲由于火气上升，正患牙疼，脸部发肿，请医生开了一张证明，名正言顺地挡了回去。

一个月过后，他们又派人来百般威胁利诱，非要他出来演几场戏不可，企图借此繁荣市面。父亲再次提出自己已多年不登台，嗓音丧失，且剧团不在港地，无法演出，给回绝了。

第三次是在1942年春，南京汪伪政府无耻地庆祝什么"还都"，由日本特务机关派人来香港接我父亲前往演出，并称已备好专机护送。父亲还是照前两次那样提出拒绝的理由，可是那个特务屡次前来纠缠，最后父亲坚持自己犯有心脏病，平生从不乘坐飞机，使那个家伙无计可施，又鉴于父亲的国际声望，也不敢把他怎么样，只好空身回去复命。

后来，由于粮食和物资严重短缺，日本占领当局下令紧急疏散人口，父亲便趁机托几位老朋友把葆琛兄和我带到内地去求学。我们兄弟临行时，父亲怕日寇发现阻拦我们，就按照小名"小四""小五"谐音给我们俩改名为"绍斯""绍武"（我原名为葆珍）。随后有人劝我父亲化装也偷渡到内地去，但有的朋友觉得这个办法不妥，父亲的面貌容易让人认出来，万一被日寇发现，事情反倒不好办了。冯耿光先生认为香港已和上海一样，不如返回上海和家人同甘共苦。父亲最后接受了这个意见，便于1942年夏快快不乐地取道广州返回沪滨。随后到来的则是更为严峻的日子。

1942年秋，汪伪政府的大头目褚民谊突然来访，要我父亲在12月作为团长率领剧团赴南京、长春和东京巡回演出，以庆祝所谓的"大东亚战争胜利"一周年。父亲用手指着自己的唇须，表明早已退出舞台。

褚逆阴险地说道："小胡子可以剃掉嘛，嗓子吊吊也会恢复的。哈哈哈……"

笑声未落，褚逆就听到这样的回答："我听说您一向喜欢玩票，大花脸唱得很不错。我看您作为团长率领剧团去慰问，不是比我更强得多吗？何必非我不可！"父亲就是这样讥诮地臊走了那个无耻的大汉奸。

敌寇当然不肯就此善罢甘休，便由华北方面军报道部部长、号称"王爷"的山家出面胁迫。他采纳一家黄色小报的社长朱某的谗言诡计："梅兰芳说他年纪大了不能再登台，那就请他出来讲一段话，他总不能再有什么理由推却了吧！"秦叔忍三叔（北平华昌制版局创办人）闻讯后想出一条对策，让梅剧团经理姚玉芙先生到上海请吴中士医师给我父亲接连注射三次伤寒预防针，因为他知道我父亲不管打什么预防针都立刻会发烧。山家不信我父亲突然病倒，派驻沪海军司令部查明情况。日寇军医一行人闯进我家，发现我父亲果然卧病在床，昏迷不醒，发烧近 40 摄氏度，无法远行。父亲不惜损伤身体，再次抵制了敌寇的要挟。秦三叔现仍健在，今年已 93 岁高龄，去年在中央电视台拍摄的六集大型文献专题片《一代宗师梅兰芳》中以见证人的身份亲口叙述了这段动人心魄的往事。秦老先生还对我们兄妹四人说："我以前一直没敢告诉你们，你们的父亲当时早已准备好安眠药，万不得已就以死相拼！"

著名日本剧评家尾崎宏次先生 1992 年在《悲剧，喜剧》刊物上，发表过一篇题为《梅兰芳曾留过胡子》的文章，使我们知道了当时敌寇对我父亲胁迫的另一方面的情况，文中写道：

"我听说梅兰芳留胡子一事还是在半个世纪前……第一次听说梅兰芳留胡子是在 1938 年，那年是中日战争（1937 年）的第二个年头，也是我进入工作岗位不久的日子。当时我在《东京都报》文化部工作。从中国前线归来的特派员的一次报告会上，我得知了这一消息。报社内部那时经常举行这类内部报告，把一些无法刊登而又是事实的前线消息传达给各部记者，其中有一条就是有关梅兰芳的消息。报告是这样说的：'日本驻沪派遣军司令官松井石根大将想看梅兰芳舞台表演并派人去找，可是扮演旦角的梅兰芳因留胡子的缘故而拒绝登台……这位名旦的唇须显然是抗议战争的鲜明标志……留胡子一事决不那么简单。这里包含着一位伟大艺术家的思想境界。我们应当理解到这一点才对！'"

（载于《似与不似之间：回忆梅兰芳》，齐如山等著，中国文史出版社 2018 年版）

故乡行

闻德诚*

1956 年的桃花三月，梅兰芳先生亲率梅剧团的演员，应故乡人民的盛情邀请，回泰州访问并演出。

梅兰芳先生是泰州人民引以为自豪的艺术大师。他在京剧艺术上的造诣和成就，他的高尚情操和民族气节，早为故乡人民所崇敬。我有幸担任这次梅先生故乡之行的接待人员，耳闻目睹梅先生的音容笑貌和艺术风采，虽则时光已经过去了几十年，仍未能片刻忘怀。

梅兰芳、梅葆玖父子及著名京剧演员姜妙香等一行是 3 月 7 日下午 5 时许抵达泰州的。一踏上古海陵土地，梅先生心情特别激动，面对欢迎的人群，他频频挥手，连连点头。梅先生一行被安排在泰州乔园招待所歇宿，为了接待工作方便，我住的房间紧靠梅先生房间。

当晚，市领导在市工商联举行欢迎晚宴，招待梅兰芳先生及其一行。梅先生边吃边谈，流溢出对家乡的无限深情。翌晨，梅先生起床盥洗后便到招待所院子里练唱练功。我们这些接待工作人员在一旁观看，不禁小声议论：先生已是誉满全球的艺术大师了，还这样严肃认真、一丝不苟地练基本功，

---

* 闻德诚，1935 年出生于江苏泰州，社会活动家和收藏家，中国梅兰芳研究会理事。多年来为搜集梅兰芳先生的珍品资料走遍大江南北，被誉为"梅痴"。

真令人钦佩。

白天，梅先生去泰州烈士祠祭扫，献了花圈。他还和夫人福芝芳、儿子梅葆玖祭扫祖坟，参观当时的鲍家坝农业社，跟社员亲切交谈，详细询问家乡人民的生产生活情况，并和社员们合影留念。

8日晚，在泰州人民剧场举行了欢迎梅兰芳先生返乡访问大会。9日晚梅兰芳先生首场演出并举行隆重的开幕仪式。当晚，梅先生演出《贵妃醉酒》，他精彩地表演了杨贵妃在醉酒前流露出的那种既妒且恼又无可奈何的复杂心情，看了确实感人。当演到三敬酒时，他演得十分传神，三次饮酒的神态和舞姿的不同处理，极有层次地表现出贵妃的心境，并使戏的发展渐至高潮。在整个演出中，他突出表现了一个"醉"字，从略显酒意到浅醉，最后到醉态百出，表演得那么优美，那么淋漓尽致。

梅先生在泰州演出的《宇宙锋》，是他保留节目中的一出拿手好戏，当时剧场内外人头攒动，盛况空前，开场锣鼓一打响，整个大厅马上便鸦雀无声。

梅先生扮演的赵女上台一亮相，就博得满堂喝彩，掌声雷动。他把一个端庄贤淑的名门女子演得雍容大度，仪态万千。目睹其风采，大家怎么也不能想象一个六十多岁的老人竟把一个二十岁左右的妙龄女子演得如此惟妙惟肖，活灵活现。再欣赏他的唱腔，更是字正腔圆，娓娓动听，声甜味美。梅先生的高超表演，把观众带入特定的历史氛围之中。当演到"金殿装疯"赵女手指秦二世骂你这无道昏君时，全场掌声雷动，群情沸腾，台上台下融为一片，感人至深。观众都为梅先生那炉火纯青的艺术表演深深折服。梅先生还为家乡人民演出了《霸王别姬》《凤还巢》《奇双会》等梅派名剧。每演一场梅先生都是一丝不苟，严肃认真，使观众饱享其精湛艺术。

原定演出计划远远不能满足家乡人民要求。四乡八镇的群众都要求能看到梅先生的表演，无数的观众日夜等候在剧场门口。梅先生知道这一情况后，又决定加演一场，以满足故乡人民的要求。

在演出空隙，梅先生和工作人员的交谈，使我深深感到大师对家乡、对祖国的赤子之心是那样的深厚纯朴。当我们询问起梅先生抗战时期在香港蓄须明志的一段经历时，他只是淡淡一笑说："这是每个中国人都应有的起码气节，没有什么了不起。"

（选自《忆梅兰芳先生的故乡行》，载于《似与不似之间：回忆梅兰芳》，齐如山等著，中国文史出版社 2018 年版，题目为编者加）

舞台是一幅图画，一首诗

老舍*

我与梅大师一同出国访问过两次，一次到朝鲜，一次到苏联。在行旅中，我们行则同车，宿则同室。在同车时，他总是把下铺让给我，他睡上铺。他知道我的腰腿有病。同时，他虽年过花甲，但因幼功结实，仍矫健如青年人。看到他上去下来，那么轻便敏捷，我常常对友人们说：大师一定长寿，活到百龄是很可能的！是呀，噩耗乍来，我许久不能信以为真！

不论是在车上，还是在旅舍中，他总是早起早睡。劳逸结合。起来，他便收拾车厢或房间：不仅把被子叠得整整齐齐，而且不许被单上有一些皱纹。收拾完自己的，他还过来帮助我，他不许桌上有一点烟灰，衣上有一点尘土。他的手不会闲着。他在行旅中，正如在舞台上，都一丝不苟地处理一切。他到哪里，哪里就得清清爽爽，有条有理，开辟个生活纪律发着光彩的境地。

在闲谈的时候，他知道的便原原本本地告诉我；他不知道的就又追问到底。他诲人不倦，又肯广问求知。他不叫已有的成就限制住明日的发展。这

---

* 老舍（1899—1966），原名舒庆春，字舍予。北京满族正红旗人。中国现代小说家、作家、语言大师，新中国第一位获得"人民艺术家"称号的作家。代表作有《骆驼祥子》《四世同堂》，剧本《茶馆》《龙须沟》。

就难怪，他在中年已名播全世，而在晚年还有新的贡献。他的确是活到老、学到老的人。

　　每逢他有演出任务的时候，在登台前好几小时就去静坐或静卧不语。我赶紧躲开他。他要演的也许是《醉酒》，也许是《别姬》。这些戏，他已演过不知多少次了。可是，他仍然要用半天的时间去准备。不，不仅准备，他还思索在哪一个身段，或某一句的行腔上，有所改进。艺术的锤炼是没有休止的！

　　他很早就到后台去，检查一切。记得：有一次，他演《醉酒》，几个宫娥是现由文工团调来的。他就耐心地给她们讲解一切，并帮助她们化妆。他发现有一位宫娥，面部的化妆很好，而耳后略欠明洁，他马上代她重新敷粉。他不许舞台上有任何敷衍的地方，任何对不起观众的地方。舞台是一幅图画，一首诗，必须一笔不苟！

　　在我这次离京以前，他告诉我：将到西北去演戏，十分高兴。他热爱祖国，要走遍各省，叫全国人民看见他，听到他，并向各种地方戏学习。他总是这样热情地愿献出自己的劳动，同时吸收别人的长处。五十多年的舞台生活，他给我们创造了多少新的东西啊！这些创造正是他随时随地学习，力除偏见与自满的结果。

　　他不仅是京剧界的一代宗师，继往开来，风格独创，他的勤学苦练，自强不息的精神，他的爱国爱党，为民族争光的热情，也是我们一般人都应学习的！

　　在朝鲜时，我们饭后散步，听见一间小屋里有琴声与笑语，我们便走了进去。一位志愿军的炊事员正在拉胡琴，几位战士在休息谈笑。他就烦炊事员同志操琴，唱了一段。唱罢，我向大家介绍他，屋中忽然静寂下来。待了好一会儿，那位炊事员上前拉住他的双手，久久不放，口中连说："梅兰芳同志！梅兰芳同志！"这位同志想不起别的话来！

　　（选自《梅兰芳同志千古》，载于《人生修行，贵在心境》，老舍著，长江出版社 2020 年版）

第四辑
张大千：江山如画，魂兮归来

伤心未见耄耋图

沈苇窗[*]

　　民国 71 年（1982 年）5 月 10 日，那天正是母亲节，台北联合报刊载了一段文章，题目是"耄耋图天伦泪"，作者陈长华女士，记述艺评家李叶霜先生拿着张大千先生的母亲曾友贞女士画的"耄耋图"印刷画片，到摩耶精舍去请大千先生过目，大千先生一眼就识得慈母手泽，当时他老人家激动得手抖泪流！事后他和我商量，他猜想这张画可能尚在人间，要我设法访求，并且向我作揖说："乔峰（姓李，亦大风堂高弟）常说：老师的事，沈叔叔一定有办法。现在我拜托你，要钱送钱，要画送画！"总之，但求访得遗迹，一切都可以商量。说完以后，又起身作揖，要我全权办理。我便说，将尽我所能，访求此画。

　　世人都知道大千先生的画最早是他母亲曾友贞女士所教，但谁都没有见过这位曾太夫人的作品，这幅画在大千心目中之重要，可以想见。而且画得在文静中见生动，虽然这是一个极普通的题材。画上，除了曾太夫人写的"耄耋图，戊午春，友贞张曾益"的题款之外，还盖上了两方图章，一方是白文的"张曾益印"，一方是朱文的"友贞"两个字，戊午是民国 7 年，距今 64 年了。

　　画上，还有四川老翰林、著名藏画家傅增湘（沅叔）先生的长题，时在癸亥年，亦即在此图完成五年后加题的。文如后：

---

* 沈苇窗，1918 年出生，浙江省桐乡乌镇人。曾任香港《大成》杂志社社长、主编。

此戏猫舞蝶图，内江张夫人曾氏友贞所绘也。夫人为吾友张君怀忠之室，清才雅艺，有赵达妹氏机针丝三绝之称。此虽写生小帧，而风韵静逸，正复取法徐黄。夫近人之物，最为难工，宣和内府所藏，画猫者惟取李霭之、王凝、何尊师三家，盖其难固在能巧之外者矣。夫人既擅绝诣，晚岁尽以手诀授哲嗣善孖、大千，视文湖州张氏女临黄楼障以传子昌嗣，竟成名家者，先后同符，而二子亦咸厉志展能，蜚声海内，号为二难，清芬世守，当代贤之。抑又闻昔人之评画也，猫形似虎，独耳大眼黄为异，惜尊师不能充之以为虎而止工于猫，今善孖独以画虎名，循流溯源，意必承颜奉教为多，然则夫人之充类以神变化，固贤于尊师远矣。岁在癸亥九月江安傅增湘识于藏园之长春室。

傅沅叔先生是张善孖先生的老师，他在苏州网师园教善孖先生读书的时候，老虎可以匍匐在他们的画案下静卧，不吵不闹，可谓奇闻。在傅沅老这段长题中，说明了善孖、大千昆仲的绘画艺术得自母教，更从这幅遗画上窥见曾太夫人的用笔、设色，都非恒流所及，有此贤母，方能教导出如善孖、大千这样不世出的人才。惜乎大千先生没有亲眼见到这幅画，但我尽我心，总算不负他对我的重托，即以此画赠送给将来成立的"张大千先生纪念馆"永远葆藏，所以我挽大千先生的联语是：

> 三载面敦煌，事功俱在莫高窟；
> 万里求遗迹，伤心未见耄耋图。

联旁略书数语是："大千欲求其太夫人遗画，揖我至再，今画得而大千不及见矣，悲夫！"

（载于1983年5月香港《大成》杂志第114期）

中国的山水最好

张心玉 [*]

我父亲张大千平生喜欢游历名山大川，爱花草，爱动物，更酷爱修饰自己的庭园。

抗战之前，先父与二伯父张善孖同住苏州网师园。在这个精巧玲珑、宁静幽雅的园林里，兄弟俩常常一面作画，一面与友人谈诗论画。园中还养了一只讨人喜欢的小虎。

1940年，先父将家安置在成都附近的郫县太和乡，租农家院一角。房屋虽然简朴，但有一庭院。院内种有花木，还有一个小鱼池。房后面是一片竹林，周围皆农田，颇有古朴淡雅的田园风味。先父甚喜，又按自己的构思，在房后竹林的空地中引水渠，设花坛。

1943年秋，先父从敦煌返成都后，一直没有固定的住处，直到1947年，才在成都西郊金牛坝建了自己的住所，留有一亩左右的空地，种了各种花草。第二年，先父去香港，后于1950年应邀赴印度讲学和考察，从此，再未回来。

1955年，先父和部分家人迁到巴西圣保罗郊外的摩吉市。这里是一小块盆地，颇似成都平原，先父特别喜欢，便从一意大利商人手中购得270亩

---

[*] 张心玉，又名张枭，张大千之子。作曲家，曾任甘肃省音乐家协会副主席。

土地，盖房修园，取名"八德园"，定居下来，直至1972年。在先父离开巴西迁往美国的17年里，几乎将他绘画所得的大部分收入用于八德园的修建。这座大型园林的建设布局和风格，全部中国化。园里除大量姿态各异的松、柏、杉、竹和桃李、柑橘、樱桃、柿子外，多是从各地购运去的中国牡丹、海棠及各种梅花等。园里怪石耸立，竹林中有猿猴数只，并开挖大小人工湖四个，大的达12亩，可以泛舟；湖旁建茅亭五座，供漫步小憩；宅旁再辟盆栽区一片。园内松柏常年翠绿，花果四季飘香，湖中鲤鱼跃，荷丛天鹅啼。置身其间，心旷神怡，是休息、作画的理想之地。

八德园的修建，寄托了它的主人对祖国的无限情思。先父曾深情地对身旁的儿女们说："我去过世界许多地方，还是中国的山水最好。"

八德园建成后，海外许多华侨慕名而来，一些外国友人也请求拜见这位中国艺术家，并以一睹这座中国式园林为幸。先父也以此感到自豪，对来访者总是热情接待，或让家人陪同参观。来者无不为这中国园林的精妙布局和这位中国艺术家的奇巧构思所折服。

1972年，八德园全部建成不久，巴西政府要在摩吉附近建一水坝，八德园正处于水库之中，先父痛心之余，对园中景物一一摄影珍藏，然后弃园携家迁居美国。至今14年又过，先父已经作古，而水坝尚未建成，八德园则已荒废。

先父到美国后，在加利福尼亚州旧金山以南的海滨小城蒙特利购屋一所，也建一园，取名"环筚庵"。如果说八德园以它的宏大多样集中了大自然的美使人赞叹，而环筚庵则显得精巧玲珑。

（选自《先父和他的庭园》，载于《回忆张大千》，全国政协文史和学习委员会编，中国文史出版社2015年版，题目为编者加。1986年作者写于兰州）

寸心千里

陈巨来*

1981年底，我收到了张大千先生从海外辗转托人寄来的一幅横卷山水画。画幅中间是青绿色大泼墨绘出的重重云山。山峦之间以元黄鹤山樵工笔画数间中国式房屋，左下角作浅绛色山坡，右上角一片海洋，征帆六只迤逦而行。题款为："云山万里，寸心千里。庚申六月写寄巨来长兄。八十二叟弟爰。"此画体现了大千先生在宋、元人笔法中掺入印象派技法，具有中西合璧的独特画风。见画思友，更怀恋当年与大千交往的那些岁月。

我认识"大风堂"主人张大千，已有65年了。记得当年大千随其兄张善孖先生同寓沪上西门路西成里，楼上住的是近代国画大师黄宾虹。一天，我登门拜访黄老，适逢他外出。善孖先生热情接待了我，与我攀谈起来。当他知道我从师赵叔孺先生学习刻印时，便许我为可造之才。大千先生也在座，这便是我们结识的开始。那时，我仅15岁，大千比我年长六岁。

大千早岁所用印章大都自刻。自从我俩交友后，他深喜我的治印，每每托我为其镌刻。尤其在他中年时期，所有名章、书斋印几乎均出于我之手。有一次，我和他开玩笑，请他为我治印一方。大千坚辞，说："样样事情我都

---

* 陈巨来（1904—1984），原名斝，字巨来，浙江平湖乍浦镇人。杰出篆刻家、书画家、诗人。其篆刻艺术蜚声海内外，又因《安持人物琐忆》一书，被誉为民国掌故专家。

可以替你做，就是不能刻图章。我替你刻，岂不是变成笑话了。"当然，我对大千的绘画才华更是钦佩至极的，尤其是他模仿八大、石涛的作品，几乎可以乱真，令人拍案叫绝。

抗战开始，大千回成都，赴敦煌，从此画风一变，成为仿宋、元人工细笔法。抗战胜利后，大千重来上海，举办画展，说及他有一习惯，每隔五年，就将所用名章全部换过，不仅为了一新面目，也防着有人仿制假画，鱼目混珠。这次携来画幅较多，大都没有钤上印章，嘱我在15天内赶刻60方，以应急需。我通宵尽力，于两星期内刻竣报命。这60方印全是象牙佳料，其中刻有元朱文、宋满白等多种印文，大千见之很是高兴，从此便许我今后索画，概不取酬。

当时，大千寄寓石门一路的镇海李家，因他曾买到一幅张大风的画，如获至宝，乃将书斋命名为"大风堂"。上海当时的一些著名书画家，如吴湖帆、溥心畬、谢稚柳、江寒汀等，都喜欢去那里聊天，真可谓高朋满座，海阔天空。我每天午饭一过必去那儿，有时与大千谈得投机，直到凌晨二三点钟方归。大千声如铜钟，幽默风趣。有时讲讲自己仿制古画骗过书画商的逸事，有时与我们几个挚友一起赏看收藏的名画。他对八大、石涛、白石、悲鸿都十分推崇，常常为了收集名画不惜重金。他常感慨地对我说，一个人只要有了自己的面目，就令人佩服了。

大千先生性格豪爽侠气，奔放豁达，朋友有难，总是慷慨相助，我曾多次亲眼看到，一些贫困潦倒的书画家，大千每月必资助至少五六百元。1949年，先父谓渔公病重，每日需服羚羊角，这是很贵重的药剂，我力不能胜，大为踌躇。大千闻之，立绘一幅仕女、一幅山水见赠，都是单款，便于善价而沽。这幅山水为一手卷，用的是元人写经纸，水墨不设色，很是高古，因纸色灰暗，题为《岷江晚霭图》。先父爱不忍释，曾说，其他画都可割爱，这画留以自赏了。可惜"十年动乱"，名画失去。同年底，大千返蜀。离沪前，特邀我和谢稚柳三人合摄一影，签名留念。大千深情地对我说，你要原谅我，我生平不爱写信，都是秘书代劳，以后请勿见怪。

近几年来，也许是长期流落海外的孤零感，使大千先生一直对我们这些故国旧友拳拳不已。从 1975 年起，他每年都寄一帧小照给我。1977 年，大千在美国将我为他所刻的印章亲自整理、编辑成《安持精舍印谱》，遣人送往日本印刷出版，并在卷首附印上他的亲笔序言："巨来道兄治印，珠晖玉映如古美人，增之一分则太长，减之一分则太短，钦佩至极。"

我与大千都是西泠印社的老社友。1981 年，印社举行成立 75 周年纪念大会，函邀各地书画篆刻名家赴杭雅集。席间，不由得使我想起，倘使大千在此，定会受到社友们的尊重。我深切盼望阔别三十余年的大千先生，达到"寸心千里"之愿望，重返祖国大陆，开襟畅述友情。

（载于《回忆张大千》，全国政协文史和学习委员会编，中国文史出版社 2015 年版，原载于 1982 年 10 月 23 日香港《大公报》）

江山如画，魂兮归来

常任侠 [*]

张大千先生逝世了，他的艺术是永在的。

回忆我同张大千先生的接触，是在 1931 年，那时我开始在南京大学教书。南大的艺术科有几位有声望的画家，如徐悲鸿、吕凤子、张书旗、潘玉良、陈之佛、汪采白等，大千也是其中之一。他以善画石涛一派的山水风景著称。笔墨雄肆，气韵朴厚，在侪辈中独树一帜。

据说大千青年时代在沪即以善绘山水驰名。时沪有巨商程麻皮，专收藏石涛山水。新建一厅，壁悬其所藏珍品，邀客观赏，唯正面墙壁，因无适当巨幅，暂时空缺。后见一石涛巨幅，为诸画之冠，唯索价甚昂。程某急欲得之，烦大千说项，虽重金不惜。大千闭户经月，经营林峦，果得石涛神品以报，又以古锦装池，光照一室。程某大喜过望，座客皆来称觞，谓为藏品之冠。大千神乎其技，亦稍稍为人言之。他在南大教学时，常嘱诸生临摹古人卷轴，神与古会，自然契合，故其所教弟子，多是此道高手，不落庸俗。

* 常任侠（1904—1996），安徽省颍上县人，著名艺术考古学家、东方艺术史研究专家、诗人，中国艺术史学会创办人之一。主要从事中国以及中亚、东亚、东南亚诸国美术史以及音乐、舞蹈史的研究，对中国与印度、日本的文艺交流史研究做出了开拓性贡献。

自敦煌石窟壁画为世界所知,画师中前往研究临摹者,以大千为最早。大千携弟子二三为之辅佐,孙宗慰即其中之一。在此风沙荒漠之中,大千潜心工作,几与社会隔绝。从此进入北魏、盛唐的艺术领域。艺风所染,以人物画为主。此后大千所做的衣冠人物仕女,多有唐风。他曾经以所临壁画,向世界展览,因此也得到国际艺术界的广泛赞美。大千精于绘画的各方面,山水、人物、花卉,都能独树风格,这是其吸取古艺术的精髓,博采众长,植基深厚的结果。

我曾藏有大千两幅画,一为仕女,高髻云鬓,丰硕曼立,秀眉弯弯,虽不施花黄,却是唐美人的风度。浩劫中已为人夺去。此画大千戏题云:"一等肥白高,二等麻妖骚,三等泼辣刁,此肥白高也。"可谓善戏谑兮。

又一幅为东篱采菊图。一人独立江干,短篱丛丛,秋菊吐芳,云水苍茫,南山在望。此画由合肥秀峰侄寄来,曾经一见。亦于浩劫初期被人强取而去。

我现存大千所作,只有折扇一把,扇是泥金底子,他在金扇上画了幅金碧山水,水上苍山,有亭翼然,亭侧四人向远际遥望,如思故国。山巅万松如海,水际浅芦迎波,并自题一诗云:

> 西北此楼好,登临思惘然。
>
> 阴晴长不定,客况最颠连。
>
> 斜日红无赖,平芜绿可怜。
>
> 淮南空米贱,何处问归船。

此画作于丁丑六月,当 1937 年,正临七七事变前夕,"斜日红无赖"或寄微词。登高望故国,客里思归,形之吟咏。书法亦隽妙。大千曾学书于清道人李瑞清,故笔姿似之。

1945 年我到印度国际大学讲学,大千亦去印度观佛教诸古迹。1949 年我返国以前,颇欲劝之同返北京,重晤故旧。乃去国愈远,往游美洲,蹉跎至今，终老宝岛。葬身祖国的土地，仍符大千的夙愿。现在祖国重临春天，江山如画，望魂兮归来，再看一看人民所藻绘的丰富多彩的画卷吧！

（原名《回忆张大千先生》，载于《回忆张大千》，全国政协文史和学习委员会编，中国文史出版社2015年版。作者在1983年4月9日写于北京）

他行八，就是八哥

周仲铮[*]

　　我在巴黎第二次举行个人画展，是 1961 年 6 月 20 日至 7 月 12 日。为我组织画展的是圣·鲁克协会会长，吾夫人教堂教士施塔曼。地点：花港 1 号乙。（两年后，这位热爱文学与艺术的教士，连同他带领的 23 位青年男女教徒，因要到耶路撒冷去参加仪式队伍，不幸在约旦南部遭突然而来的泥水激流，全体殉身于附近古迹彼得拉区。遗体运回巴黎后，吾夫人教堂为他们做了弥撒）就是为了这个画展，我又去巴黎。

　　这次去巴黎，最兴奋的不是我的小小画展（只有 16 幅画展出），而是我听说张大千适在巴黎，有机会认识他。当年在巴黎的中国艺术家中心，是在郭有守家中。画家、作家、音乐家、演员，住在巴黎的，或路过巴黎的，都到他家去。他是一位爱护艺术家的人，自己又是收藏家、作家。他在巴黎交际甚广，当一位文化官员，可一点官架子也没有，平易近人，助人为乐。他用法文写了一本《珠江夜月》，1963 年在巴黎出版，描写他童年时代，在四川老家中经历的一件旧家庭产生的惨事，这件事使他终生不能忘记。中国艺友都叫他四哥，因为他行四。我虽不住在巴黎，以画家资格，也叫他四哥。我每到巴黎，必先打电话给四哥，问有何新闻，有何活动。他总是有活动就要我去参加的。这次在电话里，他告诉我次日到他家去吃午饭，张大千在那里。

　　我真兴奋极了！中国国画大家，我从没见过。他们如何作画，我也没看

---

[*] 周仲铮，安徽人，早年留学法国，巴黎大学政法博士。中年以后从事写作和绘画。二战后住在联邦德国多年。

过。这次要见到大名鼎鼎的国画大师张大千，对他说什么呢？如何称呼他呢？是叫张先生，还是叫张画师、张大师？他要以何种眼光看待我呢？我的心跳了起来。

到了四哥家，一进门就看见一位十足的中国古典人物，坐在四哥小小的客厅里。不用说，这就是张大千。我在外国几十年，还没见到这样古风十足的中国人。他穿着中国长袍，据说是苏东坡式的服装，留着相当长的连鬓胡子。眉目清秀，态度潇洒，活像中国画中的古代哲人、诗人、道人、艺人、画师、隐士，我简直说不出来。

四哥同我介绍后，我就称他张先生。说了几句话后，总是称他张先生、张先生。在吃饭时，四哥说了："你不要称他张先生来张先生去的。你就叫他八哥，同我们一样。他行八，就是八哥。你这样叫他，他反而喜欢。"岂但他喜欢，我真喜欢极了！我一称他八哥，更显得他这人可亲可敬，一点不自以为大，看我这个外来的小画家，也如一家人。从此我就叫他八哥，也敢同他讲话了。四哥是叫我周大姐的，八哥也叫我周大姐了。

八哥张大千是一口四川口音，吃四哥做的地道的四川菜。他只吃菜，不吃饭，他说是因为糖尿病。在座的还有潘玉良，我们叫她潘大姐。潘玉良在巴黎已是名画家兼雕刻家。她也不拿我当外人，说一口扬州音的官话，更使我有同乡之感。我记得在法国报纸上看到过这样一段消息：两个美国人来到巴黎，想在当年巴黎著名的艺人区蒙巴利阿斯找到殊能代表巴黎艺人区色彩的人物。他们找了三天，结果发现潘玉良是最能代表巴黎艺人区特色的画家，可见潘大姐是风度不凡（不幸她已不在人间，埋骨巴黎）。饭后，我回旅馆，走在拉斯帕耶大街上，自思自想：我见到的第一位中国画师，竟然是如此谦虚、如此高雅、如此和蔼，真令人起敬。

张大千名气是大的。1956年他在巴黎同举世闻名的大画家毕加索交换了绘画并题名。张大千画了竹子，毕加索画了人头。两个人代表两个世界、两种文化，却是一个时代的艺术伟人，是史无前例的。6月20日是我的画展预展，八哥也来参加了，并在来宾册上题名。我格外感到荣幸。次日我就到西班牙旅游去了。

（选自《八哥小记》，载于《回忆张大千》，全国政协文史和学习委员会编，中国文史出版社2015年版，题目为编者加）

科伦画展

周仲铮

在联邦德国科伦阿佩鲁斯大街 56 号，有个卖中国古董兼画廊的店子。女主人是一位在中国住过几年的德国人，中文姓名是李必喜。她为我开过画展。一天，她问我认识不认识张大千，这是她最爱慕的一位中国大画家。我说在巴黎曾见过张大千。她对我说："你如能介绍张大千，在他下次来巴黎时，到科伦来，我当为他开个画展。我真要感谢你。这是我最大的愿望。"

我说："你这个半卖古董半是画廊的小店子，张大千不会来的。"她还是请我问问，或许有希望，或许张大千想来联邦德国看看。我说："我不问，你这个小地方，我不能介绍张大千来开画展。"她说："事情如成功，卖画所得，我给你 20%。"我就怒了："你是做生意的就是要赚钱，你看我是什么人？难道我还要赚张大千的钱吗？我决不替你问。"她看我不要钱，反而高兴了。她说："你不要钱，我就不给你钱。可还是请你问问，也许张大千愿意来科伦玩玩。"我想也不应该放弃这个机会，也许张大千真想来联邦德国呢。我就写信给郭有守，请他转问在巴西的八哥张大千有没有意思来科伦，在一个小小的古董店兼画廊里开个小画展。我想他决不会来的。

那个李必喜运气真好！经过一个时期，郭有守回信说行，张大千春季来巴黎，愿意来科伦开个小画展。我真没想到！只能说李必喜运气太好了！她得知这个好消息后，就开始准备，印画册，印请帖。布置招待张大千同他的夫人和陪同前来的郭有守。她在科伦大教堂对面的一家头等旅馆订了房间，并请我也在旅馆住三日，使张大千和夫人有个照顾。5月4日张大千就要由巴黎来了，住到12日。招待的日程、节目，一切都准备好了。还为张大千租了一部罗伊斯大汽车。

4日下午我到旅馆见到八哥张大千和他的夫人。欣喜之余，但愿他们此行不要失望。他的夫人送我一件由加拿大买到的纯羊毛衫，我至今保存。同时也高兴见到四哥郭有守。当日下午在李必喜画廊里有记者招待会，我们都去参加。晚饭在泰东饭店，大家一起便饭，八哥早返旅馆休息。5日午饭后即去飞机场，迎接八哥的两位女公子，她们是由巴西来的。下午6时便是预展。

小小的画廊挤得水泄不通。有各处来的汉学家、博物馆长、收藏家。八哥留在海外的旧日桃李，有由英国来的方召麐、凌叔华，还有一位美国来的女画家。欢迎词、介绍词，由我翻译。讲毕，就恭请张大千随意画几笔。纸墨笔砚已摆在桌子上。大家一起动手：铺纸的，研墨的，递笔的，聚精会神地等着。旁观的都睁大眼睛，要看这位大画师雄笔一挥，纸上现出有几千年历史的中国画。这是我平生第一次看一位中国画师提笔作画。张大千画了一幅竹子。我惊讶他画的并不是如外国人所说，中国人画画要快，愈快愈妙，而是慢慢地一笔一笔地胸有成竹地画下去。后又写了几张字，大家抢，我也抢到一纸。

当晚我们又都在泰东饭店吃晚饭。在座的有位由曼海姆来的张大千的老厨师陈少泉。他是扬州人，有一手烹饪好手艺。多年在张大千指导下，可以说是绝顶的中国烹饪大家。他现在是曼城北京饭店老板。他的一手烹饪技术，由他教给他的由大陆来的儿子。他还爱好字画，收藏有古画及不少张大千的画。在饭桌上，张大千夫人同他们的两个女儿坐在一排。有位画家胡柏特·贝克尔为她们画了像。

次日10时，科伦市长来画廊参观画展。午饭由市长在科伦著名的客船上设宴招待。这个船总是停在莱茵河水面上的，等于一个头等餐馆。下午大家一道去波恩，拜访一位收藏中国古物的斯塔因比丝夫人。晚饭又在泰东饭店吃预订的北京烤鸭。

5月7日，一行10人去萨内朗游览一天，我未参加。5月10日是张大千生日，为他祝寿，在莱茵河上游船一日。张大千一上船，我就听人说："这怕是一位希腊的教士吧？"我说，这是一位中国的大画师。在船上，当然张大千成为众人注目的人物。那天天气晴朗，莱茵河特别美。当然不能同三峡媲美。寿糕高过一码，八哥刀切第一块，大家吃得很开心。我们未下船，一日舟行数十里而返。八哥心旷神怡，大约对此游还满意。晚上又回到泰东饭店用饭。为八哥张大千祝寿，我画了一个头像送他。

5月12日是最后一天了，我又到科伦为张大千及夫人、女公子送行。临行，八哥送我一把他画的团扇。他说他只画过两把，另一把不知落到何处。后来他又送我一小幅国画。八哥已对我说过好几次，临行又说："你们任何时候来巴西，都欢迎。在我家住毫无问题，地方很大，来就是了。"他又对我说："我现在要向你们学画了啊！"他的这种谦虚、求进步的精神，令人起敬，这就是他作为一代大画师的成功之母。当年秋，佛郎克府博物馆、手艺博物馆又为张大千开了一个规模较大的画展。张大千没来，四哥郭有守由巴黎来参加，我也去参观了两日。

22年前在巴黎的往事，19年前在科伦的往事，今日述之无限凄凉！四哥也不在了，潘大姐也不在了，八哥张大千今年也在台湾作古。像他这样的一个大画师，犹如一代英雄，千古不朽啊！

（选自《八哥小记》，载于《回忆张大千》，全国政协文史和学习委员会编，中国文史出版社2015年版，题目为编者加）

穷无立锥，唯有两手

张心庆[*]

爸爸的朋友总以"富可敌国，贫无立锥"来形容爸爸，溥心畲伯伯曾把他比作李青莲，爸爸确实是有"千金散尽还复来"的豪概。他一生酷爱收购名古画，只要他爱上的真迹，总是一掷千金，甚至借债也无所顾惜，所以有人送他"一身是债，满架皆宝"八个字。听母亲说，抗战胜利后，爸爸由成都迁居北平，想买一处宅院，苦于无钱，后有几位好友主动给他凑了五十多根金条，并说妥了一处有四十多间房的大宅院，可是到了付价交契的那天，爸爸突然变卦。房主很生气，爸爸说不是不肯买，而是不能买了，因为爸爸已用这五十多根金条买了三张古画，两幅是董源的《江堤晚景》和《潇湘图》，另一幅是顾闳中的《韩熙载夜宴图》，均为难得的南唐时的名画。

爸爸除了收藏古画外，还喜欢购置盆石花木，特别是他出国侨居海外和迁居台北后，在这方面所耗费的巨额金钱是很可观的。他每年都要让侨居在美国的葆萝弟去日本购买一次盆景。在日本时，有时他还要亲自去买。花店的人一见他的"大胡子"，马上抬高价钱，但是即使上当受骗，他也心甘情愿。郑曼青先生曾有诗赠爸爸："旷古画家数二豪，张爰倪瓒得分曹。腰缠散聚且休论，百万相看等一毛。"

---

[*]　张心庆，大千先生次女，长期从事教育工作。

可是，爸爸有时候口袋里却是一毛钱都没有。记得 1944 年我上初中时，有一次开学前我向爸爸去要学费，没想到他连女儿的几个学费钱也拿不出。爸爸说："你们等两天吧，我身上的钱刚好送给一位比我还要穷的朋友了。爸爸没有钱，只有两只手！"他真是到了"贫无立锥"之地了。

（选自《回忆爸爸几件事》，载于《回忆张大千》，全国政协文史和学习委员会编，中国文史出版社 2015 年版，题目为编者加）

马君武：欲以一身撼天下

马校长的高远与踏实

黄荣汉

马君武先生是同盟会老会员，当过孙中山先生的秘书长，其后对现实政治不满，转而全心全意办教育，培养人才。1928 年 10 月广西大学宣告成立，为了把学生学习基础打好，西大是从预科办起的。当西大开办时，校名是广西大学，我问马君武校长，为什么西大本来是广西出钱办的，怎么不叫省立西大呢？他说，我的目标是要"广西大学"四个字的前面加上"国立"两个字。当然这在 1939 年确实是实现了，并且国立广西大学第一任校长就是我们敬爱的老校长。

1928 年西大开办时，办的是高中性质的预科，所聘教师按理在省内各级学校选拔也可满足要求。可是马校长所聘教师全部是他在上海请来的。记得教我们平面几何的是上海交通大学教汽车学的名教授黄叔培，教英文的是当时用英文出版《中国评论》的主编陈荫仁，教物理的是马名海教授（兼西大教务长），等等。用这样的重金（支教授级薪津用上海大洋支付）聘来名教授，教授我们这样的土学生，有人说这是大材小用，我的体会是这些教授教起来，确实使我们学得不一样。

当时所用的教材全部是英文的，连本国地理也是英文本的（当时没有开国文课）。马校长亲自督促，他每星期至少有一个或两个晚上手提马灯，腋下夹着全校学生的成绩簿走遍每一间学生房间，对每个人进行检查。他记性特别好，问过你一遍姓什么，什么地方人，了解了你哪科学得好哪科学得不够好，就都记得清清楚楚。他数理化英文，样样都懂，答他问的问题，想骗他是骗不过的。就在他严格督促和亲切关怀下，三百多个同学学习提高得很快，每个月考后，红榜上的名字增加得很快。要是我们能这样学习下去，三年打下的基础定是十分牢固的。

可惜好景不长，就在1929年5月，两广战事发生，西大被迫停办，马校长避难上海。

（选自《马君武先生在西大》，载于《桂林文史资料》第43辑，桂林市政协文史资料委员会编）

马校长的气魄

黄荣汉

马校长并不是不关心政治的人，为了国家或是为本乡本土的利益，需要时他也会挺身而出的。记得 1934 年他就穿起过笔挺的西装，专程到德国去了一次，听说是奉李公德邻之命而去的。

当他回来、我作为一个学生代表乘着学校的小汽艇去接他时，看到他满面春风、谈笑风生，想来公事是办得很成功的。特别令我难忘的一件事，是他指着一只皮箱旁边挂着的用报纸包着的一包东西，对我们说，你们猜猜里面包的是什么东西？我们大家都说猜不着。他说这些东西是我从德国为西大特意买回来的，贵重得很呀！很有用的。为了避免海关找麻烦，我才把它挂在显眼的地方。我问他到底是什么东西，他叫我打开，打开一看，真把我们大家惊呆了，一个个像酒杯，大的套小的，还有一个像小碟子（电解槽），总共六十多个，共重四公斤多，这就是我们急需应用的白金坩埚。一下子购买这么多的白金仪器，恐怕当时在全国大学里也是绝无仅有的。马校长的气魄真是大，眼光确实看得很远。

从买白金坩埚这件事，使我想起马校长廉洁奉公的高尚品德。有一年在梧州，西大要购置一批仪器药品，香港兴华洋行的经理李 ××，把总账算起来说是多少万元，并对马校长说，照例的回头佣钱有多少千元，这是属于你的。我当时听马校长说：老李，你把那些佣钱一起算到总账去，能买到什么需要的就买什么。这种精神真使我深受教育。

（选自《马君武先生在西大》，载于《桂林文史资料》第 43 辑，桂林市政协文史资料委员会编）

截留名师

黄荣汉

1937 年秋广州沦陷，梧州理工学院迁至桂林（农院迁至柳州）继续上课，但实验、实习没有开设，原因是当时的学校当局把运到的仪器、机器和药品，原箱堆放在岩洞里，以为这样最保险。1939 年暑假后，西大正式改为国立，国立广西大学第一任校长就是我们敬爱的马校长。创办西大最初的心愿一旦实现，其高兴可想而知，当我到桂林去他家向他道喜时，他没说别的，只说一句话：回去告诉大家，安心工作。在他重回西大不到一年的时间里，凡是逃难经桂林，想转往云南、四川的原在上海或北京的知名教授，都到西大来拜望他，来一个他留下一个在西大教学，那一年的西大可说是名教授集中最多的。著名的地质学家李四光带领的地质研究所，也被他留在桂林，他专门把良丰花园对面的一座新大楼借给地质所用，使李四光的地质所有了立足点，得以继续开展研究工作。

1939 年的国立西大除名教授云集外，马校长还命令各院长系主任，将封存在岩洞内的机器、仪器全部搬出来，拆箱安装起来做教学用。他对大家说，与其让这些东西在岩洞里锈坏，不如让它们炸坏好了。就这样，西大的实验、实习课全部开动起来，晚上灯火通明（发电机发电了），一派紧张热烈的学习气氛是前所未有的。

（选自《马君武先生在西大》，载于《桂林文史资料》第 43 辑，桂林市政协文史资料委员会编）

向美国人讨回仪器

梁庆培

1929 年，粤桂战争，6 月粤军攻占梧州。西大教务被迫停顿，马校长离梧。留守人员为避免兵灾，事先把贵重仪器如白金杯、精密显微镜和天平等，寄存在梧州思达医院（该院由美国人办，即现在梧州市工人医院），想借美国人的势力来加以保护。

1931 年 5 月，粤军退出梧州，同年 9 月 15 日，西大在梧州正式复课。在复课前，有关人员要取回寄存在梧州思达医院的贵重仪器，但在该院点收时，大小四个白金杯不见了。该院的领导人以为中国人可欺，态度骄横，蛮不讲理，企图抵赖，意欲侵吞。马校长知道后大怒，派出精干人员，根据事实，力辟其诈，为使国家免遭损失，不怕事体扩大。该院的领导人自知丢脸，答应在香港把原物交回，但必需严守秘密，实质是不要把他的臭名宣扬。西大派出的交涉人员，亦允其所请。此事就这样了结了。

事后，马校长偶与知内情者忆及此事，辄唏嘘无已，深叹当时国力之衰微，任人宰割，一片忧国心情，溢于眉宇之间。

（选自《忆马君武校长二三事》，载于《桂林文史资料》第 43 辑，桂林市政协文史资料委员会编）

风趣马校长

梁庆培

　　马校长一向言谈庄重，这多为人所称道，然有时也幽默风趣，却鲜为人知。1935 年 6、7 月间，中国六个学术团体来广西南宁开联合年会。当各专家、学者先后到达梧州集中赴邕时，一天下午，马校长在当时梧州的洞天酒家设宴欢迎（那时我被派为接待员）。斟酒后，马校长即起立致欢迎词，其中妙语连珠。如"明天诸位乘轮溯西江而上，此江水混浊如泥浆，不过请各位注意，此水来自邻省"，话音一落，就引起哄堂大笑。又如"各位开会完毕，欢迎到桂林玩玩，'桂林山水甲天下'，诸位是否受了宋代诗人范成大之骗，广西全不负责"这句风趣的话，顿时又引起大笑，并且掌声雷动，席间欢乐气氛，达到高潮。马校长即举杯请各位代表畅饮，宾主尽欢而散。

　　（选自《忆马君武校长二三事》，载于《桂林文史资料》第 43 辑，桂林市政协文史资料委员会编）

锄头主义兴西大

欧正仁

　　广西过去没有大学，直到 1927 年，广西省政府才决定创办广西大学，推黄绍竑、马君武等 11 人为筹备委员，以黄绍竑为委员长，马君武为校务主任。开始在梧州蝴蝶山一带建筑校舍。所以选定梧州为校址，因那里的水、陆、空交通方便，每日上下午有不同班次的轮船开往广州、香港，有民航直达广州，如中山大学教授兼任西大教授，每周可坐民航班机往来授课。

　　西大于 1928 年 10 月 10 日开学，马君武任校长，盘珠祁任副校长，白鹏飞教授兼校务长，马名海教授兼教务长，蒋继伊任总务长，开学时有预科学生三百余人。这时办的虽是高中性质的预科，但却从上海聘请教授来校任教，如马名海教授兼教物理，原在上海交通大学任教授的黄叔培教平面几何，《中国评论》英文版的主编陈荫仁教授英文。教授薪津均像上海一样用大洋支给。但 1929 年 6 月由于粤桂战争，梧州被粤军占领，校务停顿，马君武不得不回到上海。

　　1931 年 5 月，粤军退出梧州，广西省政府电请马君武回桂继续主持西大校政。马君武回桂后，再成立理学院，并于 9 月 15 日开学，有本、预科学生五百余人。在开学典礼上，马校长致辞说："广西大学成立了，从此有了自己的大学，不必去省外读书了。广西是经济贫困、文化教育落后的省份，首先办实用科学，所以设立理、工、农三个学院，今年先招收理学院的学生，明年起招收工科和农科的学生，以培育建设广西必需的人才。现在所请的是知名的教授，希望已招收的第一届 40 名学生，勤奋读书，不要辜负广西父老的希望。我们提倡锄头主义来建设美好的校园，有了锄头主义才能有强健的身体，才能担负建设广西的任务。"

马校长说到做到，学生在三年当中，填平蝴蝶山的坎坷，挖出个大操场，所有路旁的树木都是学生栽的。人人爱护林木，没有损坏的行为，所以树木成活率很高，从 1928 年到 1929 年，为时不过一年，从 1931 年恢复到 1933 年 4 月，时间亦不到两年，前后开办不到三年，就把一座荒山野岭建设成为幽雅安静而又秀丽的校园，不亚于金陵大学的校景。这是马校长精心筹划的结果。

1932 年 9 月又扩大院系，理学院分为数理、化学、生物三系。另成立农、工两学院，农学院设农、林两系，工学院设土木工程系，后又增设机械工程系和矿冶专修科。马君武兼工学院院长，盘珠祁兼农学院院长，马名海兼数理系主任，林炳光为化学系主任，费鸿年为生物系主任，谭锡鸿代理农学系主任，叶道渊为林业系主任，苏鉴轩为土木工程系主任。后来又将数理系分为数学、物理两系，张镇谦为数学系主任，谢厚藩为物理系主任。后又多次从省外聘请知名人士如竺可桢、费孝通等来校讲学，学校形成一股良好的学习风气，学生人数激增。

（选自《马君武创办广西大学始末》，载于《桂林文史资料》第 43 辑，桂林市政协文史资料委员会编）

父亲热爱音乐

马卫之 *

　　父亲对音乐，尤其是对 19 世纪西洋的器乐曲颇为爱好，虽然家境不甚宽裕，由于母亲深爱弹奏钢琴，因而不惜以积蓄所得，为母亲购置了一台"茂得利"牌钢琴，供母亲经常练习。那台钢琴，也成为义校的教具，每当母亲给学生上音乐课时，里弄的邻居往往都聚集在厅堂门口，欣赏母亲动听的弹奏和嘹亮的歌喉。

　　可能是母亲的影响和传授，父亲偶尔也在钢琴上做些尝试，甚至往往在深夜还掀开琴盖，独自进行练习，这也就不难看出他对音乐的兴趣。

　　不仅限于对钢琴的爱好，父亲还珍藏着两把相当名贵的小提琴。他对小提琴的兴趣绝不在钢琴之下，也常在从事译著之余的深夜练习小提琴，琴声每每将我们从酣梦中唤醒。

　　20 年代的上海，偶尔也有欧洲来的歌剧团进行巡回演出。票价以当年的情况来说，往往昂贵得惊人，由于醉心于西欧的古典音乐，父亲常常是这

---

* 马卫之，马君武之子，1928 年生，广西桂林恭城人。著名音乐教育家、外语教育家，曾经在广西艺术学院、武汉音乐学院、武汉大学任教。是我国音乐学科重要奠基人、武汉音乐学院钢琴系奠基人。

些演出的座上客。当他情绪好的时候，不时还能听到他轻轻地哼唱某些乐章的片段。

（选自《怀念我的父亲马君武博士》，载于《桂林文史资料》第43辑，桂林市政协文史资料委员会编）

赋闲杨行，享田园之趣

马卫之

上海里弄生活度过十来年之后，我们全家搬到距离宝山县城约十里的杨行，和父亲的老友居正先生毗邻为居。父亲具有丰富的务农知识，在杨行镇东边二三里的地方购置了几十亩地，在父亲的率领下，我们开始了务农生活。以种植果树为主，兼种稻、棉及大豆等作物，虽然面积不算辽阔，由于工作量繁重，全家都很忙碌。果树中的桃树，尤其要精心护理，春季落英缤纷之后，果实逐渐地成长。为了防止虫类或鸟类对果实的伤害，父亲带着我们——主要是保之哥和我，将行将成熟的果子逐个地用纸袋包扎起来。这是一种相当劳累的农活，有的桃树相当高，不能不爬上树干进行操作，这样的活儿，几乎都由我们兄弟俩承担。在包扎桃子的时候，有时会碰到隐藏在不显眼地方的黄蜂窝，这时往往会展开一场人蜂之间的"遭遇战"，有时父亲也未能幸免。我们作为万物之灵，当然不甘示弱，拔掉嵌在皮肤上的刺，涂些碘酒，又继续地进行劳动。

杨行镇距离宝山县城和吴淞镇都是十里左右，我们的家离杨行大约三里，环境至为宁静。居正先生和我们虽说是毗邻，但与我们的屋子相隔也约有百米之遥，其间还隔着一条小溪，这"两家村"不啻为两个独家村。我们和居家的成员每年也能聚会几次，居正先生也偶尔来和我父亲对弈围棋，对弈的过程中，间或能听到父亲特别爽朗的笑声，那笑声划破了家中平时特别宁静的气氛。

在杨行的几年间，父亲有段时间赋闲，门可罗雀的境况倒使父亲能腾出大量时间，夜以继日地伏案进行译著，所译的达尔文著作，大部分都是在这段时间译出的。

大夏大学也就在卜居杨行这段时间内筹划、开办。开办的起因和沿革早有记载，社会上关心教育的各界人士都很清楚，在此不拟多加叙述，只记得当年为筹办这所大学，欧元怀、王毓祥、傅式说等教育界的前辈们，都不辞辛劳地从上海到杨行，频频登门来访父亲，大夏大学正是在这些前辈和父亲的积极磋商与筹划下开创的。杨行不在铁路线上，从上海搭火车只能在吴淞镇下车，然后要步行一个多小时才能到达我们家。从吴淞镇到我们家，偶尔也有独轮车——上海人称之为"小车"可以代步。坐独轮车，乘车者和推车者必须密切配合，否则就容易翻车。在那崎岖的羊肠小道上，车轮和车轴因摩擦而常发出咿咿呀呀的声音，为那单调枯燥的行程增添了独特的，甚至颇有诗意的气氛。欧元怀、王毓祥等前辈不畏旅途艰辛，风尘仆仆地经常到杨行，他们办学的热忱很令人钦佩。偶尔适逢父亲到上海去了，他们的来访，往往成了徒劳，他们那种失望的神情，使一个当年只有十来岁的孩子的内心也深感遗憾。

父亲在杨行的务农生活中，养蜂已成为一个重要的组成部分。为了养蜂，父亲着实耗费了不少的时间、金钱和精力。他老人家曾向我们详细地讲述蜂群的组合，例如蜂王、雄蜂、工蜂等。蜜蜂的分工非常严格而明确，在每个蜂巢的入口处，往往停留着十来只工蜂，它们的任务是充当铁面无私的"门卫"，倘有别群的蜂误至它们的入口处，"门卫"就严厉地执行它们的职责，不让莽撞者入内，至于其他的昆虫如苍蝇等，更不能妄想混入以求一窥。

父亲还告诉我们：每一群蜂，除了一只蜂王和少数雄蜂外，绝大部分都是工蜂。这些工蜂，每当天气晴朗之时，都成群结队地外出采蜜，它们将采到的花粉夹在后腿弯处飞回巢来，经过"门卫"的认可，才能有条不紊地进入巢内。每隔适当的一段时间，父亲就要打开蜂巢的盖子，观察它们采集的情况，还指导我们一道进行观察，并了解蜂巢内部结构。蜂巢里一尘不染，酿满了蜜的巢孔，都由工蜂用蜡进行密封。蜂王产卵的巢孔和酿蜜的巢孔，由工蜂以不同的方式进行密封，以资识别，并一目了然。每只工蜂都孜孜不倦地为集体缔造效益，使我们体会到"蜜蜂般的勤奋"这句话的真谛。

父亲往往不惜用几小时的时间，对蜂群的活动进行仔细的观察，不论是严寒还是酷暑，父亲企图通过观察，对养蜂这门专业积累系统的知识。他用行动向我们展示"实践出真知"的真理，而不是用枯燥无力的说教。

每当寒暑假，哥哥和我回到杨行家里，父亲都是安排我们参加田间劳动、除草、施肥、摘棉花、收果实，更包括整理庭园、修剪冬青、打扫卫生等。我们通过这些实践，无形中加深了"劳动创造世界"的概念和体会。父亲每每善于以行动来影响我们，使我们逐渐对劳动产生感情。

有位来访者在路旁见到一位戴着破草帽的人在俯身干着农活，就漫不经心地问道："马博士在家吗？"那位来访者看到戴破草帽的毫无反应，就走近想问个明白。父亲摘下草帽，来访者顿时瞠目结舌，原来俯身干着活的正是"马博士"。

诚然，20年代时才十来岁的孩子，不可能接触和理解"劳动创造世界"的理论，但通过劳动实践，这个理论却潜移默化地加深了我对劳动的认识。劳动后，我们都会感到疲倦，但面对着除尽杂草的棉花地、皑皑白雪般的棉花、硕果累累的桃树，不由得从内心涌出了一股胜利者喜悦和骄傲的豪情，下意识地尝到了劳动的甜头和生活的意义。父亲有意要我们自己去品尝，因为由此而得到的认识，印象会更深刻，效果会更显著。

（选自《怀念我的父亲马君武博士》，载于《桂林文史资料》第43辑，桂林市政协文史资料委员会编）

马君武有古君子风

林半觉*

马先生个性很执着很倔强，说话非常耿直，毫不吞吐，每每不了解他的人，对于这点，都表示不满。但马先生胸次豁达，坦怀待人，胸无城府。这种性格，有古君子风。他最能念旧，他少时在陈允庵家读过书，得益不少，他去日本留学时，他的母亲尝寄养在上海徐家汇马相伯先生处，故其生前无论谈话为文，对于这些事，都表示过恩德不忘的。诸如此类的事还很多，不能尽述。

人家都说马先生爱骂人，我却说马先生敢骂人，因为他骂起人来，不论大小，只要是应该骂，就大骂而特骂，绝对不留情面、不避权贵的。

他在梧州长省立广西大学时，一位德国教授因为教书不甚负责，所编讲义稍有错误，被马先生发现了，他便把这位德国教授叫来，用德语把他大骂一顿，硬把这位德国教授骂哭了。我国的大学校长，敢骂外国教授的，有几人？马先生骂汪精卫，尤其不客气，他说汪逆在民国元年的时候，受了袁世凯的贿赂，中途变节，反对总理做总统，主张把南京政府取消。曾骂他卑鄙污浊，虚伪可耻。民国5年马先生由美回国，介绍一位美国朋友去见汪逆，

---

* 林半觉（1907—1983），原名林泉，字半觉。融县人。1926年毕业于广西省立第二师范学校。1928—1934年师从黄宾虹学汉印技法。1936年创办春秋书画印社。1938年入郭沫若主办的考古学训练班深造。从事粤西石刻和广西地方史研究四十余年。

起初那位美国人是用英语谈话的，汪逆说自己的英语说得不好，在法多年，法语可说。谁知那位美国人法语也能说，就改法语谈话，汪逆莫能应付，马先生难为情，做了义务翻译，汪逆满面通红。本年3月30日，汪逆在南京组傀儡政府，马先生有一首纪事诗骂他，诗云：

潜身辞汉阙，矢志嫁东胡。

脉脉争新宠，申申詈故夫。

赏钱妃子笑，赐浴侍儿扶。

齐楚承恩泽，今人总不如。

这首诗是马先生最后的绝唱，和"九一八"沈阳之变以后的《哀沈阳》二首，虽各有所指，然描写深刻，责骂误国者则一也。

（载于《逸史》第 12 期）

对联逸事

林半觉

民国 27 年 1 月，广西美术会举行大规模的全省美展，筹款慰劳前方将士。马先生很高兴，即席挥毫义卖，坐下去，一气就写三十几副对联才能起身，共得款数百元。马先生此种热诚，真值得表扬。但是，因为写得太多，墨不及干，人就拿去了，但有些人请求加盖印章的，马先生说："我写字从不盖图章，盖图章的，是假的。"大家都笑起来。接着他就要我给他刻两方石章，说明一方篆"马君武"三字，一方篆"桂林人"三字。过了两天，镌就送去，他一见称许，并且说："从今以后，我写的字，无图章的，又是假的了。"马先生虽未尝自己奏刀刻过印，可是对于印论及印史，是很有研究的。他从秦汉一直谈到文三桥、何雪渔，以及浙皖诸家的源流正变，无不了然。此老胸中太渊博了，真不愧为学术泰斗、一代宗师。

后来，马先生写了一副对联送我，作为治印的报酬，对联文为"论古不求秦以下，游心时到物之初"。可惜这副对联在民国 27 年冬寓所被日寇飞机轰炸时，毁于劫火了。以后曾另求他写了幅立轴，文为"好学近乎智，力行近乎仁，知耻近乎勇"。马先生逝世的几天，我拿出给龙积之老先生看，龙老先生非常感慨，题句云："智仁勇乃三达德，好学知耻务力行。知所先后则近道，君武精神龙马形……"聚两贤之墨迹，更为可宝。

马先生家住桂林环湖东路，省立体育场（旧日巡抚衙门）前面，东轩门旁边。门前即是杉湖，风景幽美，夏日绿荷深处，如在画图中，别饶诗味。后面远远靠着独秀峰，前面漓山（俗称象鼻山）在望，气势颇不平凡。

马先生住的屋，是广西省政府给他建的，门首有黄主席所题"以彰有德"四字的横额。可见当道尊崇学者之至意。两旁联语，则为马先生自拟自书，联云："种树如培佳子弟，卜居恰对好湖山。"冲澹之气，出乎自然。

……

马先生出门久，对故乡名山胜迹、青年学子，至为关怀，因撰楹联，留在普陀山，以为纪念，其联云：

城东佳境，常绕梦魂，叹半世飘零，遂与名山成久别；

岭表旧都，屡经离乱，望故乡英俊，共筹长策致升平。

两旁跋语："民国十七年夏，偕诸友人至桂林讲学。别故乡三十年，此为归来之第二次。俯仰今昔，感慨不胜，书此联于普陀山以记之。邑人马君武。"语重心长，感慨系之矣。联用木板刻成，挂在丛翠堂，现中山纪念学校幼稚园在此上课。字是马先生亲笔写的，径约十公分。书法苍老遒劲，篆隶之意，成之天然，其下笔颇有六朝砖文气味，高浑入神，远非寻常含毫吮墨之士所及。

清袁简斋尝论："大凡有功德者，有福泽者，有文章者，其生平虽未学书，而落笔必超，若无此数者，虽摹仿古人，不过如剪彩之花，绘画之美，谓之字匠可也，谓之名家不可也。"真是高论，盖马先生未尝学书，而其下笔高超驾于常人者，胸有文章也。马先生楹联、写作皆佳，应该把它勾勒下来，刻之名山，才能永久保存。

（载于《逸史》第12期）

傅抱石：一张白纸，画最新最美的图画

左傍刻字摊，右近裱画店

沈左尧[*]

抱石先生走上艺术创造的道路并取得卓越成就，并非偶然。

先生的故乡是江西省西部的新喻县（现新余市）罗坊镇章塘村。傅家虽是个大族，但先生的祖父为人当长工，上无片瓦，下无寸土，几辈人都不识字。父母幼时替人放牛，贫病交迫之下才背井离乡，步行三百里来到南昌这个通都大邑谋生。由于没文化也找不到好职业，几番流落街头，最后学到了修伞技术，得以糊口。先生的父亲却是好强的人，即便做手艺也要第一流的，从走街串巷发展到开一爿小小的修伞铺。由于技术高，不修雨（油纸）伞而专修阳（布）伞，还在门口挂起一块"傅得泰"大招牌。这种好强心理就是先生的学龄前教育。

先生出生于 1905 年，童年时代是在中国大革命之前，南昌古城是闭塞的，况且生活在社会底层，接触到的新事物有限。江西是有名的瓷乡，他在五六岁时就常常望着茶壶、瓷瓶出神，被那上面画的"嫦娥奔月""八仙过海"之类的神话故事以及花花鸟鸟等吸引住了。他到处收集各种各样的纸片照着画起来，竟然画得很像。

---

[*] 沈左尧（1921—2007），别署沈行，号胜寒楼主。中国美术家协会会员。1921 年出生于浙江海宁，青年时代考入当时的中央大学，师从傅抱石、徐悲鸿、吴作人诸前辈学习绘画，习而大成。擅诗、书、画、印、楹联，几乎在每个领域都有自己独特的创作风格和建树。

邻居们看这孩子画得好，都夸他聪明。可是大家都没文化，谁也无法帮助他。家中又没钱供他上学，还是附近一个警察认得字，主动当了义务启蒙老师。孩子的颖悟使这位老师惊奇，不到一个月，警察肚里的字就掏空了，于是又帮忙找到一家私塾，情商免费旁听。孩子才得学了一年"四书""五经"，打下了初步的语文基础。

住家附近有个刻字摊，他每次经过都要停留下来，全神贯注地看刻图章，渐渐熟悉了，还帮着摊主磨图章。后来那人送给他一把旧刻刀，几块破石头，他就模仿着刻起图章来。可是印文要用篆字，刻字人整天抱着一本查篆字的《康熙字典》，没法去借。要求母亲买，又买不起。他为此伤心极了，最后还是当厨师的姐夫送了一本，如获至宝，立刻开始练写篆字。从此在研究篆刻的同时，又悉心研究书法。中国书画同源而书法成熟较早，所以先生在接触艺术之始是从根源上起步的。

对先生来说，修伞铺的位置是很巧的，左傍刻字摊，右近裱画店。这两处恰恰是中国三大传统艺术——篆刻、书法、绘画的两个小小窗口。他在那家小裱画店里更是流连忘返，这里也许未必有艺术杰作，可比起瓷器上的画来，却是真正的绘画。为了可以多看，他还帮店里做些调糨糊等辅助工作。店主人被他那又专心又勤劳的态度感动了，就允许他对着裱在墙上的画临摹。他开始窥见了中国艺术殿堂的大门，在这里初露才华，画得那么逼真，引起了人们的震惊。

那些在饥饿线上挣扎的好心的邻居，大家罄囊凑钱，让他到一家瓷器店当学徒，以便学习绘画。不料绘画未学到，却因受不了额外的繁重劳动，竟累成重病回家，休养许久才得痊愈。后来有江西省立第一师范附属小学的一位主任张老师，发现他智力超群，勤奋好学，又同情他家境贫寒，竭力推荐，使他得以破例免费进入这个小学，在四年级插班。这对饱尝失学之苦的孩子来说，真是莫大的幸运。他尽情地吸吮各种知识，犹如久渴逢甘泉。17岁高小毕业时成绩第一。根据规定，成绩优秀可以免考进入师范。师范虽免费，却需交纳相当于保证金的入学费用十多元，这是一笔不小的数目。为此他忍着饥饿，徒步往返，奔波七百里回乡告贷未得，正陷于衰疲绝望之境时，又蒙张老师慷慨解囊，将自己一个月的薪水18元相赠，供他治病和入学。张老师雪中送炭、扶危济困之举，使他感受到人世的温暖。这种舍己为人的侠义精神深深感动了他，使他更加奋发上进，并体会到只有识人才者才能爱护人才，对他后来扶掖后进、慷慨大度的性格有很大的启示。

先生爱读书，可是师范学校的图书馆对他来说是太贫乏了。一个新的机遇在等待着他。南昌城里有一家以出售古旧书籍为主要业务的"扫叶山房"，他一旦发现了这个从未接触过的深邃的天地，就像被磁石吸引住了。书，当然买不起，没有板凳，就站着看。一年到头，不管风霜雨雪，从不间断。书店经理从未见过如此好学的青年，赞佩之余，就给他一条板凳坐着看，逐渐二人成了忘年交。又知道他爱好文学艺术，把书店所藏善本、绝版古书都拿出来供他研读。这简直是太幸福了！祖国数千年文化，奔来眼底，经、史、子、集，笔记、杂著，无不浏览。先生从青少年时代养成习惯，读书决不囫囵吞枣，而是仔细咀嚼。由于他的超人记忆力和理解力，在这段时间里奠定了坚实的国学基础。

当时学校虽免费，生活却更困难了。家中自父亲贫病致死之后，无人支撑修伞业务，先生只得挤出课余时间帮母亲做挖耳勺以换取微利，勉强度日。后来仿刻清代赵之谦印章达到乱真程度，通过他人出售，得到较厚的报酬，贴补家用。但不久造假印的事暴露，引起一场风波。校长奇其才，支持他正式悬牌刻印，不但解决了生活问题，而且在南昌崭露头角，以青年篆刻家闻名。

师范毕业以后不久，就在原校任教，担任美术课，正式走上了艺术的道路。

（载于《傅抱石的青少年时代》，沈左尧著，南京出版社1994年版，题目为编者加）

从岩石缝中挣扎出来

黄苗子[*]

  清光绪三十年（1904 年）八月，江西省城里一家以补破伞为生的穷苦人家，生下了一个孩子。这娃娃的祖籍是南昌西南的新喻县（今称"新余"）章塘村，父亲是孤儿，是个从小当长工（雇农）喝苦水长大的穷苦人，受尽了地主老财的打骂，得了肺病，不能扛重活。在农村没有饭吃，便流落到南昌城，学了一门补伞的手艺，每日挑着担儿穿街走巷胡混两餐。娃娃的母亲是个逃跑出来的童养媳，这一对同病相怜的苦男女结为夫妻，生育过六个儿女，现在又生了这第七个男孩，但因生计实在艰难，孩子先后夭亡，这最小的一个娃娃也就成为仅存的一个了。

  这个孩子就是后来的著名画家傅抱石。

  傅抱石才开始懂人事，父亲就因生活的煎熬，加剧了肺病，在一个凄惨的夜里咽了气。母亲是个意志坚强的劳动妇女，为了养家糊口，便毅然挑起了丈夫生前的担子，继续干这补伞的营生，后来实在无法糊口，就把未满十岁、体弱多病的抱石送到一家瓷器店里当学徒。江西的瓷器是有名的，但制造瓷器的工人却都是无名之辈，尤其是学徒，在旧社会里是被压在最底层的。

---

[*] 黄苗子，漫画家、美术史家、美术评论家、书法家、作家。

这个本来就孱弱的孩子由于操作过重，得了痨伤之症，终于被老板赶回了家。母子对泣一场之后，母亲也就只好兼做替人洗衣的工作，给孩子挣钱养病。

傅家的隔壁是一家裱画作坊，这家作坊规模很小，在西邻；东邻则是一家收买破烂兼刻图章的刻字摊。稚气十足的抱石常常到东边去看人刻印、西边去看人裱画来满足他那童年特有的好奇心。看得多了，他自己也就在家中刻刻画画，邻里看见这孩子聪明好学，有的就主动集资帮助他进私塾。两年后辍了学，又有一位小学教师看见他求学心切，就帮助他进了高等小学。因为毕业成绩优异，被保送进入师范学校。傅抱石就这样结束了他的童年。

在师范学校，傅抱石付不起书籍学杂费用，母亲又染上了肺病，虽然校长给他半工半读的机会，让他管理学校的图书设备，总算解决了上学问题，但家庭生活的愁苦，也使他不得安生。那时学校有一个叫老张的看门工友，认得城里几家士绅人家，他们都爱收藏古印，老张看见傅抱石的图章刻得好，便建议他刻几方模仿赵之谦的印章试着拿去卖，总算傅抱石的技巧不坏，冒牌的赵之谦印章居然卖得了价钱，母亲的生活医药得到维持了。

可是日子长了事情就被拆穿，买图章的人跑到校长那里去告发。偏巧校长是个爱才的人，他对傅抱石说："既然能乱真，以后就用自己的名义去刻印，不是很好吗？"抱石受到鼓励，从此就开始为人治印，因为求印的人多，收入也有了，就能够买些颜料宣纸，开始练习图画。傅抱石每天上学，都经过一家旧书店，他经常抽空到那家铺子去看有关美术的图画，往往铺子关门都舍不得走。日子久了，老板被这个青年人的勤奋好学所感动，就答应借书给他看，每天限借一本，傅抱石大喜过望，从此就废寝忘餐地苦读，抄下了许多画史画刊的资料。据他自己说，他在那个时候，曾花了七个月时间，写了十几万字的《国画源流述概》稿本，那时他还未满 20 岁。从这一点看，傅抱石早年就是非常刻苦钻研的。

24 岁那年，傅抱石在师范学校毕业，因为成绩优异，留在学校附小当教师，不久改在江西省立第一中学担任高中艺术科的教师。可是当时有一些大学专科出身的同行嫉妒傅抱石，认为他不够资历充当中学教职，傅抱石被控告到教育厅里，不久，他就离校失业了。很长的一段时间，他为找职业奔忙，当过临时工，画过广告画，又过着朝不保夕的困穷生活。但也正在这个时候出版了他第一部美术史的著作：《中国绘画变迁史纲》。这时，由于他在报刊上发表的作品受到了徐悲鸿先生的赏识，徐悲鸿看到这位年轻人的才能，了解到他的境况。终于通过这位肝胆照人的画坛前辈的揄扬，傅抱石接受了为江西景德镇改良陶瓷的任务，得以于1933年到日本去留学。

傅抱石在日本帝国美术学院专攻雕塑及东方美术史，并继续钻研绘画篆刻。那时他认识了美术史家金原省吾，并把他关于中国美术的著作向我国读者介绍，另外他对日本画家横山大观、竹内栖凤、小杉放庵等的作品，也深入研究，从中吸取养素来丰富自己的技法。这个时期，郭沫若先生正在流亡日本，傅抱石经常去拜访他。郭老比抱石大11岁，他们的交情在师友之间，抱石经常把自己的理想和计划向郭老请教。他在1935年完成的《中国美术年表》自序中，提到"与郭石沱先生道鄙意，亦重荷奖勖"的话。这位"郭石沱"也就是郭沫若。

傅抱石在日本，也以刻印卖画补助学费，1935年他在东京举行的个人作品展览会，深得好评，金原省吾曾经称誉他说："君丰于艺术才能，绘画、雕刻、篆刻俱秀，尤以篆刻为君之特技。君之至艺将使君之学识愈深，而君之笃学，又将使君之艺术愈高也。"[1] 抱石当时就已经受到日本学者如此推崇，这并不是溢美之词。

傅抱石是1936年离开日本回国的，这个因"资历不够"，而被迫离开中学教席的人，那时又由于徐悲鸿先生的介绍，在南京担任一所大学的美术系教授。抗战开始，抱石同所有具有民族气节的艺术家一样，到重庆参加了政

---

[1] 见傅译《唐宋之绘画》（1934年商务印书馆版），金原省吾序。

治部三厅的工作，以画笔从事抗日宣传，但抗战中期，三厅被解散了，家累很重的傅抱石，又一度过着卖画刻印以酒浇愁聊以度日的困苦生涯，当时南京那家大学已迁到重庆，抱石只好又回去教书。

（选自《傅抱石先生的生平和作品》，载于《江西文史资料选辑》第44辑，江西省政协文史委编，江西人民出版社1992年版，题目为编者加）

第一印象是坦率、朴素

黄苗子

记得 1943 年的一个秋夜，我从重庆城里坐郊区公共汽车到 70 里外金刚坡下赖家桥，那个地方背靠金刚坡，崇山茂林，庐舍成列，好一片典型的巴蜀山村风景。那里是当时的政治部第三厅一部分宿舍所在，住着几家文艺工作者，其中有画家傅抱石和李可染等。

第一次认识傅抱石，是在重庆文艺界的一次集会上，是经过徐悲鸿先生介绍的，给我的第一个印象是坦率、朴素，对朋友一见如故。我这次到赖家桥还是他写信约我去过周末的。傅抱石当时虽然已是略有名望的画家，但是处在那个时代，艺术不值分文，更兼他的子女多，收入少，在物价一日数涨的"陪都"社会里，抱石一家经常有断炊之虞，可是画画写作，始终是他的第一生命。他爱朋友，爱酒，爱他自己的美术事业，家务事大都由傅夫人罗时慧女士张罗，只是依靠这位贤内助的安排，生活重担对他的创作还不致成为严重的威胁。

在赖家桥傅家，除了欣赏他的大量作品和海阔天空地谈论艺术、谈论时事之外，我偶然问起他是怎样开始画画的，他对我说：做孩子的时候住在南昌，隔壁恰好是一家裱画作坊，由于老跑去玩，就认得那里的一位专门修补古画的卓（或左）师傅，老师傅对天真聪明的傅抱石十分喜爱，就给他讲解和观看很多古今字画，从此他便对绘画感兴趣，开始钻研绘画了。那天晚上，由于喝了几盅，抱石的兴致更高，就滔滔不绝地同我谈到他的半生经历。由于这位艺术家很不平凡的身世，使我感到极大兴趣，因此三十多年前的这一席话，至今还是萦回在我的脑子里。

（选自《傅抱石先生的生平和作品》，载于《江西文史资料选辑》第44辑，江西省政协文史委编，江西人民出版社1992年版，题目为编者加）

不以地位取人，以性情取人

宋振庭 *

　　抱石先生个性强，不苟且。有时很熟的朋友，当着很多人在场，一言不合他就可以拍案而起，顶撞人毫不客气，不留面子。有时他对事情有自己的见解，决不轻易与别人苟同。但我们之间，自从相识之后，无论对时事、政治，特别是对画论、对画家、对著作者、对许多事物的看法，常常很默契、合拍，谈得很深。他谈石涛、八大、八怪，谈西泠印社，赵㧑叔、吴昌硕、齐白石，我是个没有美术史论专长的外行，却很谈得来，能够有共同语言。抱石先生有时说笑话："我简直奇怪，共产党里有你这样的人，真不大好理解。"

　　抱石先生不以衣帽取人，不以地位取人。他主要看人的品格性情是否合得来。我曾见过他与别人一起坐着，可以半天不说话。新中国成立后是这样，新中国成立前他与罗家伦、张道藩这些显赫人物相处，他高兴还好，不高兴马上可以顶撞，决不巴结。

　　我记得一件很有趣的事。那年他从南京出来时，手头带了四把扇面，都

---

* 宋振庭，1921 年出生，1937 年入延安抗日军政大学学习。新中国成立后任中共吉林省委文教部、宣传部部长，中共中央党校教育长、教授，第六届全国政协委员。著有《怎样自修哲学》《星公杂文集》等。

是一书一画《二湘图》，并已题款盖章。他晚期不大画人物，而这几把扇面画得很精。他到了北京，其中一张"洞庭波兮木叶下"《湘君》送给郭老，另一张不知送给谁了。他在长春临上火车对我说："振庭啊！我这里有两件东西，是谁都想要的，现在都给了你吧！"这是我想不到的。在一旁的关山月先生也吃了一惊，因为他早向傅先生说过："这四张有我一张。"不料这两张都归了我。后来吃饭时别人都走了，关公对我说："你知不知道，谁又拿去一张，结果两张都给了你，你是怎么回事？"这说明我们相知之深。这两幅扇面后来被人抢去了一幅，结果此人被捕，他的妻子神经不健全，因这是"黑画"，烧掉了。我冒着危险，把另一幅保存着。

抱石先生东北之行，我算了一下，他在辽宁、长春、北京等地，包括送朋友的，可能作了六十多幅画。他说这是一生中创作最旺盛的时期，也是他结交朋友最多的时期、心情最痛快的时期。而 1960 年这时候恰恰是灾荒最严重的时期。那时他前前后后给我和我的朋友作了 15 幅画，其中我有五幅，都是精品。他说："我一生没有为一个人画过这么多画。"他曾经在灯下拿对开宣纸示范，亲自教我画石头和水。我说人家说你能把水画出声音来，他就用笔滚动画给我看。可惜的是，这些东西抄家时被抄走了。

（选自《关于傅抱石先生》，载于《江西文史资料选辑》第 44 辑，江西省政协文史委编，江西人民出版社 1992 年版，题目为编者加）

这真要我老命！

宋振庭

　　他给我画的最有纪念意义的一张是大幅《水墨飞泉图》。那时他画了好几天累了，在1961年7月1日那天，他说："宋公！今天请你谢绝一切客人，单找一个房间，谁也不许进，我还你的账。你出题，让你服务，我给你画。"我说："好！"就在长春宾馆的一间书房里，备了茅台。他说："你出题吧！"我提出要一幅《水墨飞泉图》，不用一点颜色；要万山空壑，泉从山里喷射出来，满室听见水响，而且要进屋看了画后，身上感觉冷，体温得降多少度。他说："这真要我老命！"我看他唰唰地画下几块墨，几块石头，像小孩似的高兴："怎么样？怎么样？"兴奋得鼻子"哼哼"往上抽。他对着这几块墨端详，端详，端详，再拿提笔往上扫，以后又小笔收拾，山脊、栏杆、人物、万山空壑，画了五个小时。最后题了："振庭同志出题考试之作，即请教正如何？"说明他对这画很满意。

　　第二张画。他说："我给你带来一本画册（《傅抱石画集》），你喜欢哪张我就给你照着画一张。"这样的事从来没有过。我特别喜欢一老者在水亭里的《听泉图》。这张他画了一整天。后来他说："我告诉你，你这张超过了我画集里那张。"这画还有一个故事：

　　我和邓拓有交情。他收藏很多，就是没有一张好的傅抱石作品，他知道我和傅先生关系好，同我讲，听说你有好几张，能不能割爱给我一张，我拿一张"唐伯虎"跟你换。我就把这张《听泉图》派专人送去给他看,他喜欢极了。我说:"我不要你的'唐伯虎',这是你用稿费换来的。傅公是我朋友,我拿他送我的画换你的'唐伯虎',我对不起他,也对不起你,这张画你要喜欢就留下。"可是就在这时候,"文化大革命"开始,邓拓由于"三家村"的关系挨批了,在紧锣密鼓声中,他还打发一个人,让无论如何要把这幅画送还宋振庭。没过几天,邓拓自杀了,我也被开了十万人的批斗大会,进了监狱。

第三张画,是在他倚装待发之时为我画的《石涛小像》。我十分喜欢傅先生的一本著作《石涛上人年谱》,特别喜欢石涛的诗。还有罗家伦,不管其人怎样,他写的序还是有些见解的。我也看过一些关于石涛的文章,有的是石涛有头发无头发的争论。我们说到傅先生爱石涛到什么程度,他就开玩笑说是"一见钟情"。那天我拿出一张纸,一支锦盒装的秃笔。他看我没提什么要求,就画了一个和尚,加一棵小小孤松。我看到在四尺整纸上,人物不到 10 厘米,就奇怪地问:"这要干什么?"结果他就用这支秃笔在上面抄录了高克恭的一首长诗,这是抱石公的仅有之作。画的就是没头发的石涛。

除了上面说的几张画,还有他给别的朋友作的一张也到了我手里。说起来也很有意思,荣宝斋有个田裕生同抱石先生关系很好,有他的画。我为损失了一张《二湘图》,一想起就悲伤、难过。说多了,田裕生就说他还有抱石先生的三张扇面,"你这么喜欢,我就给你一张"。这张比我失去的更好,补偿了我的心愿。这扇面画的是简练的山水,背面是石涛送费密的一首诗。

(选自《关于傅抱石先生》,载于《江西文史资料选辑》第 44 辑,江西省政协文史委编,江西人民出版社 1992 年版,题目为编者加)

爱生如子，实非妄言

沈 飞[*]

今日，我已成耄耋老者，早年的事大都忘却。可第一次见到傅抱石老师的情景，却记忆犹新。那时我年仅二八，正就读于江西省立第二职业中学。首次上图画课时，只见一位青年教师走进教室，他身穿灰布长衫，头戴黑礼帽，手提公文皮包，神态和蔼，气度俊雅。这就是日后引我走上民族绘画道路的傅抱石老师。真未想到，这竟是我一生中幸运的开端。我这一生，之所以会同中国画结下不解之缘，小半是天性，大半则归因于傅抱石老师的悉心关怀和大力培植。

自小我就十分喜爱绘画，从此，每逢傅抱石老师上课，我即专心致志认真听取。不久，绘画等各科成绩均为班上之冠。故此引起傅抱石老师的好感和重视，经常受到抱石老师的表扬和鼓励。

傅抱石老师上课时，不仅仅教会我们如何作画，还把不少做人的道理讲给我们听。教导我们要"先有人品，然后才有画品"，使我们理解了"只有心灵上没有丝毫污点的人，画面上才可能没有半点脏渍"的哲理，也让我们懂得了"丈夫为志，穷且益坚，老当益壮"的深刻含义。

傅抱石老师就像一块强力的磁石，把学生们吸引在他周围，他对学生

---

* 沈飞，江西画家，傅抱石学生。

总是谆谆教诲，循循善诱，从来不搞训政式和填鸭式教育，还早在二三十年代，就率先采用现代启发式的教育方法，从事教育改革的探索和尝试。抱石老师不论课堂内外均平易近人，与学生亲密无间，水乳交融。

那年春天，学校成立了文艺委员会，我被班上同学推选出来，在傅抱石老师的指导下开展活动。彼此接触增多了，我与抱石老师之间的感情也加深了。

寒假期间，学校组织文艺节目庆祝元旦和春节，每当排练演出结束后，我就同同学一起到傅抱石老师家去玩。那时抱石老师住在南昌市桌台后墙的一个试馆大屋里，租赁正后两间住房，师婆住在后房，正房抱石老师住。房间里陈设非常简单，两个大书柜、一张书桌、一张床、方桌椅子之外，别无他物。既是卧室，又是餐厅、书房，吃饭、工作、会客都在此处。

我在二职读二年级时，不幸染患慢性肺炎，身体日渐虚弱，有时上课都难以坚持，令我十分痛苦和烦恼。傅抱石老师得知后，对我倍加关心和安慰，又与班主任和校长商议，劝我暂时休学疗养。在休学初期，我经常到傅抱石老师家借书和画册，学习绘画。我经过服药休息后，病情日见好转。这时，傅抱石老师对我说："你就不要这样经常跑来跑去，干脆搬到我家来住，我这里有你喜爱的艺术书刊、画刊，又有动手作画的地方，比在你家环境和条件都要方便得多，烦闷时还可以打开留声机听听，对你养病有利。"并说："我又没有成家，又没有兄弟，姐姐早已出嫁，你就过来做我的弟弟，省得我一个人孤孤单单。"师婆说了许多恳切的话，也促我过去与抱石老师做伴，在这样的真情厚爱面前，我被深深感动。

我记得那是在 1929 年春末夏初的时候，从那时起，我大概有好几年时间吃住都在抱石老师家，同傅抱石老师在一个家庭里生活，同餐共食，抵足而眠，成了他家的一名特殊成员，成了与傅抱石老师长随左右的小弟兼学生。在学生们中，像我这样同傅抱石老师的关系，恐乏其例。若非我亲身感受，实难想象世上竟会有如傅抱石老师这样慈爱的师长，老师同学生竟会缔结下这样真挚深厚的情谊。由此可见，后人赞傅抱石老师爱生如子，实非妄言。

我的姐姐为我有这样一位无微不至的关心和帮助的老师，由衷地从心坎里感激，但又不敢相信，怕我说的不是实话，特地亲自上门走访了解。那天，适逢抱石老师上课不在家，我也出去了，师婆一面忙着接待，一面真切地告诉我姐姐说："你兄弟在我这里学画、吃和住，你都尽管放心，我们都非常喜欢他，都把他当作自己家里人。"我姐姐听完看过后，这才深信世上真有这样的好人。

　　六十几个年头过去了，每每在夜阑人寂的时候，件件往事就会萦回心头。抱石老师生活起居十分严谨，常年坚持作画治印，从不懈怠。每当抱石老师绘画时，我一则侍旁观看，一则帮着牵纸磨墨、磨图章，耳濡目染，长年熏陶，我也试着绘画刻印，每日绝大部分时间乐此不疲。在抱石老师身边生活，可算得天独厚，因为随时都可得到抱石老师的指点。在中国画技巧方法的掌握运用上，我得益于此段时日颇多。此段时日的绘画观摩和练习，为我的绘画生涯打下了扎实的基础。

　　也就在这个时期里，抱石老师还为我篆刻了白文"沈飞"和朱文"翀云"二方印章，边款上写道："翀云弟索印灯下成之，抱石治印。"此二印虽饱经劫难，现幸保存珍藏。

　　几年后，抱石老师结婚成家，新家安在肖家巷他夫人罗时慧家隔壁的一栋住房，有四五间房，相当宽敞。抱石老师为我能继续学习绘画，遂让我依旧同他住在一个屋宇里。

　　抱石老师为了更进一步地帮助和培养我，提出资助我上武昌艺术专科学校深造。一日，抱石老师对我说："你学绘画是大有前途的，我打算让你去考美专，继续深造。去上海费用比较大，不如去武昌美专，你准备一下，等暑假一过就走。同时还要与你姐姐商量商量，大家共同出力就更好。"我姐姐说："难得老师这样热心帮助，我们更是天经地义。"我父亲听说此事后，感激得涕流满面。我自己则感到美梦成真的欢欣。

　　（选自《记抱石老师对我的关怀》，载于《往往醉后见天真：回忆傅抱石》，黄苗子等著，中国文史出版社 2019 年版，题目为编者加）

一张白纸，画最新最美的图画

喻继高[*]

四十年前的初夏，我从徐州三中毕业，来到南京大学报考艺术系。在考场，我第一次见到了傅抱石先生。我被录取后，得知抱石老师教我们班中国美术史和中国画的课程，老同学们都很羡慕我们。

我们班只有新同学七个人，画室设在六朝松旁的梅庵。这是一排幽静的平房，在校舍的东北角。梅庵在八十多年前的两江师范时，曾是著名书画家李瑞清先生居住和作画的地方，他也是艺术系最早的创办人。上课的第一天，老师亲切地问了每一个同学的名字后说，今天我先考你们一下，你们说说中国历代有哪些大画家？我们都呆呆地想着，竟没有一个同学能说出几个画家的名字来，都感到很难为情。可是老师并没有责怪我们，却微笑着说，好，一张白纸，可以画最新最美的图画，我一定好好地教好你们这一班。

当时，美术界和高校美术教学，不少人对中国画持民族虚无主义态度，认为中国画不能反映现实生活，不能为社会主义服务，不科学，不合透视，人物不合解剖，没有质感、量感、立体感，是封建社会的产物，只能麻痹人们的革命意志，要把中国画教学从高等院校驱逐出去，要画中国画的老师改行画漫画，搞木刻，画连环画、宣传画等。面对这种情况，抱石老师十分气

---

[*] 喻继高，画家，傅抱石学生，曾任江苏省国画院副院长、江苏省美术家协会副主席等。

愤地说，我们不能做民族绘画的败家子，使祖宗留下来的优秀绘画传统，到我们这一代断了种。他在经常挨批判的情况下，毅然亲自担任了教中国画的老师，并把我们这一班由一年级一直教到四年级毕业。

我们班七个同学，都没有多少绘画基础，所以老师一开始就重视造型基础的训练，要我们用线条画石膏像，要求用线条的粗细、浓淡、转折勾出立体感来。由此可见老师教学是有创造性的。由于我对学中国画没有什么偏见，所以学起来非常起劲。不管老师怎么教，我都认真地学，后来得到老师热情的鼓励，我学画的劲头更大了。我被班上选为中国画的课代表，因此与老师有更多的接触机会。

老师家住南京鼓楼北坡的傅厚岗六号，从学校到他家步行也不过二十多分钟，有时课余时，我便到老师家去玩。我们班大都是穷学生，老师为了我们学习不致困难，常常把纸笔等送给我们，那时的师生之情是十分值得留恋的。

老师学识渊博，记忆极好，又非常健谈，因此，每轮到老师的课，我们都特别高兴。他授课有自己的特点，并不是站在黑板前，按着事先准备的讲稿讲，而是要我们围拢他，如孩子听大人讲故事一样。他讲徐悲鸿先生作画如何勤奋，讲张书旗先生如何用功，讲敦煌壁画如何被盗卖国外和八国联军抢掠中国宝藏。他可以说是一部活的中国绘画史辞典，每次我们都听得入迷，只觉得课堂时间太短。这样的授课，不但使我们了解了丰富的绘画历史知识，也使我们认识、学习中国画传统于潜移默化之中打下了坚实的思想基础，后来学习中国画成为我不可动摇的选择。

老师还要我们经常观摩作品，以提高鉴赏水平，开阔视野。当时在艺术系南高院楼上的美术陈列室里，经常陈列着系里老师们的佳作，如徐悲鸿先生的《愚公移山》《九方皋相马》《奔马》《奚我后》《久旱望雨》《猫》等；傅抱石老师的《山鬼》《万竿烟雨》《潇湘暮雨》《九歌图——国殇》《更喜岷山千里雪》等；陈之佛老师的《青松白鸡》《文猫牡丹》《荷花鸳鸯》等；琳琅满目，使我这个从农村来的孩子，真像刘姥姥进了大观园，深深地被艺术迷住了。于是暗暗地下着决心，一定要跟老师好好学习。毕业时，我受到学校红榜表扬。

老师教学既重视写生，也重视临摹。《故宫周刊》上印有许多古代名画，老师选择了适合我们临摹的历代帝王像以及华佗、张衡像等。张大千先生临的敦煌壁画《供养人像》《飞天》等也让我们临了许多。更使我难忘的是，老师从北京参加全国第一次文代会回来，把徐悲鸿先生珍藏的名作《朝元仙仗图》（《八十七神仙图》）放大了几套黑白照片，与原作同大，给我临摹。这是一卷白描长卷，人物造型生动俊美，衣着飘逸，线条流畅，全部作品用线条构成，是一件极为珍贵的传世国宝。我临完了全稿之后，老师还让我用幻灯放大了临摹，这样练长线条。安徽省博物馆藏了一堂工笔重彩古装仕女画，山水树木，亭台楼阁，各种人物都画得极好。老师也把他拍的照片送给我，现在还保存着。傅老师上课，还常常把系里其他老师的画带来让我们观赏临摹。如杨老师的《群雁来归》图，不少同学都临过。老师和之佛老师感情最要好，也是尊敬推崇，常常给我们介绍陈老师的高深艺术造诣，把他的许多作品带给我们学习（那时陈之佛先生只教图案和色彩学课），由此可见傅先生教学，思想是非常开放的，古今名家佳作，都成为他教学的范本，绝不抱门户之见，只教自己这一套。因此我们学得的知识是多方面的。

1955 年春节，南京市举办第一届美展，傅老师指导我们全班合作了一套四条屏工笔花鸟画，我们画梅花树干最感困难，老师还亲自动笔为我们画了梅枝，然后亲自送市里参加展览，给了我们极大的鼓舞。

除了课堂教学和临画外，老师对"外师造化"也十分重视，经常带领我们去栖霞山、灵谷寺、玄武湖、清凉山以及本校校园里，写生树石、建筑，教我们如何用传统的技法去表现。我们画石膏像习惯了，轮廓具体，光暗分明，一到野外，树木杂乱，建筑烦琐，感到无从下手。老师总是先给示范，耐心指导，常常语重心长地说："十年种树成林易，画树成林半辈难啊。"还说："十年树木，百年树人。"老师为培养教育我们花去许多心血。那时老师孩子多，师母又无工作，生活并不宽裕。我们几个穷学生，每逢外出写生不能回校吃饭时，常常是老师请客。记得有一次老师带我们到玄武湖写生，怕午饭吃不好，要师母烧了一饭盒牛肉带着，这种父母般的师生之情，是一个伟大的画家对祖国、对自然、对人的高尚爱心和情怀。老师还常常用李白的"天生我材必有用"的诗句，勉励我们刻苦努力学习，将来成为对国家有用的人才。

（选自《难忘抱石老师对我的培育》，载于《往往醉后见天真：回忆傅抱石》，黄苗子等著，中国文史出版社 2019 年版，题目为编者加）

作画趣事

喻继高

    1957 年 8 月，老师由国家组织率领中国美术家代表团访问罗马尼亚、捷克斯洛伐克。师母为老师到店里做了两套咖啡色的西装，我们看老师着中山装习惯了，一看着西装，显得非常有派头，那时在我国还很少有穿西装的。他这次出国访问，除了繁忙的礼节应酬、参观访问外，还画了五十余幅画，可见老师是多么勤奋和珍惜时间。他用中国画的技法画外国风光，创造了不少新的表现方法，后来在江苏省美术馆展出，引起了美术界极大的震动和兴趣。之后还由江苏人民出版社出版了《罗马尼亚写生集》和《捷克斯洛伐克写生集》两本画册。

    师母的学识也很渊博，帮助老师完成了许多重要著作，是一位非常有才干的妇女。师母乐观健谈，由于把我视作家人，因而常常同我谈及老师许多家事趣事。

    比如谈到老师作画很重视渲染，皮纸上渲染后，半天都不能干，这样就很难继续画下去，要知道画家作画灵感来了，恨不得一气呵成，很快想看到预期的画面效果。老师待纸染好色后，久候不干，无法继续画下去，便用炭火盆烘干，可是纸大，两只手怎么也顾不过来，师母家务事又多，老师看到哪个孩子在家，就拉住烘画，稍不留心，还会把纸扯裂，老师便会发火骂孩子。后来，孩子们一看老师作画，便一个个轻手轻脚地溜走了。一次，老师理发，受到电吹风的启发，就再也不用炭火盆烘烤了。再后来又用电熨斗熨画，师母风趣地说，这是傅抱石发明的"新式武器"，不少作品产生了用毛笔难于实现的特殊效果。

老师作画时，专心致志，作画时最怕受到干扰，若此时客人来访，总是师母接待，为这件事有人就说老师保守，怕自己的技法别人学了去。师母说，哪里是那么回事！老师作画时思想非常集中，就如演员进入了角色，什么都顾不得了。若人站在旁边，眼睛瞪着看，一举一动感到非常不自由，若不同客人说话，会说不礼貌，若讲话，哪里会集中思想呢，笔墨断气接不好，思路一干扰也同样是接不上的。这些，一般人是难于理解的。

老师又喜欢喝酒，画桌上总要放着大酒杯，后来才知道为什么专门刻制了"往往醉后"的印章：喝了酒作画，才能使画进入妙境，这是不吃酒的无法体会到的。师母还说，老师鼻炎重，画得紧张时，鼻涕流了出来也顾不得擦。他还有个习惯，作画时常常把笔捣到笔锋炸开了再画，我们从画幅上可以看到的，这就是被大家誉为"抱石皴"的画法。但要画细部时，常常用嘴把笔锋顺齐，有时满嘴是墨，由于自感形象不雅，所以也怕人看。

其实老师绝对不是保守，在画院里多次当着许多画家的面作画，并介绍他用笔用墨的方法。例如，癸卯端阳节，老师到画院桐音馆为全体同志作画表演示范，在他画集中的一幅《听泉图》就是那次画的，大家里三层外三层地围着画桌，眼见着一幅山水画呈现在大家眼前，高山流水，潺潺若有声，茅亭中静立一人，聚精会神地听着泉声，惟妙惟肖，大家无不为之叹绝。省文联主席李进同志还即兴吟了一首"底事人群挤满堂，非关风雨闹端阳；桐荫馆里茶当酒，不读文章读画章"的诗句，老师把诗和大家热闹的场面题了长跋记在画上。还有一次，在中山陵藏经楼作画时，老师和宋文治同志合作了四尺山水《夏》，还较早地同亚明同志合作《大军南下横渡黄泛区》等画。

就拿我这个晚辈学生来说，还和老师合作过画呢。那是1959年冬季，天气晴和，我正在画院里，忽然接到老师打来电话，要我立即准备好画画的工具、纸张送到省政协礼堂来，原来省政协正在召开省文艺界重要会议，省里许多领导同志和文艺界知名前辈都到了会，大家要求会议间隙请著名画家作画。我便磨好了墨，理顺了纸，等待老师们动笔。大家把画桌围得水泄不通。老师说，还是请之佛老先生开笔吧。陈老便在四尺宣纸的右下角画了一枝盛开的蜡梅。接着大家等待着傅老开笔，哪知冷不防地听老师说，继高你画吧。我顿时感到很为难，那时我才是二十多岁的青年，哪里经过这样的场合？许多人还说着，这既是考学生，也是考老师。我正不知如何是好。傅老师鼓励我说，你就画几朵山茶花吧。我心里紧张得直跳，再加上暖气，不由得额头上冒出了汗珠，便鼓足了勇气，用笔饱蘸了洋红，画了几朵艳红的山茶，两位老师满意地点了点头，我这才如释重负。蜡梅和山茶画在画的右下部，我看来看去，不知傅老师往下如何构图。只见老师抓了一支最大的斗笔，走了过来，顺手把纸抖了一抖，眼睛向纸上看了一看，猛地一笔到顶，势如利剑出鞘，顺势又加了几下，一根壮硕的石笋，昂然挺立在画幅中央，老师的气魄令人赞叹、叫绝。后来蒋仁先生（南京艺术学院老教授）在石笋上画了三只黑八哥，然后由南京大学教授、著名书法家胡小石先生题了款。这幅画在很长一段时间里悬挂在省政协大会议室里。老师对我的教育、爱护、栽培使我终生难忘，这幅画成为我最好的纪念品，现在该画珍藏在南京博物院里。

（选自《难忘抱石老师对我的培育》，载于《往往醉后见天真：回忆傅抱石》，黄苗子等著，中国文史出版社 2019 年版，题目为编者加）

不管什么事，上课最重要

丁观加 *

　　傅先生上课时也做示范。记得他在事先钉在黑板的宣纸上，三四笔就画好了一块石头，说："石分三面。画好了石头，再画山就容易了。"后来，他还画过一棵松树，教我们"画树也要掌握规律。最主要的是要画出树的姿态以及树枝的前后、左右的区别"。

　　傅先生又说可以临临《芥子园画传》，他也临过的。《芥子园画传》上有一些规律性的技法可以借鉴、学习的。又说《画传》造就了一些画家，这些画家把《画传》仅仅作为学习绘画的敲门砖或者叫作启蒙老师。如果他一辈作"芥画"，那不是画家，而是傻子了。傅先生还说，即使有了成就的画家，还得看看古画，临临古画，这是老本，不能忘，这样，才能不断丰富自己，不断有长进。

　　后来，傅先生有事，未能来上课，由杨建侯先生继续为我们讲课。不过我们仍有几次机会看到傅先生在国画教研组里参加集体创作。因教研室的门关着，我们就搬来凳子站起来看，有的爬到窗台上。在《鼓楼公园》的大幅画面上，只见傅先生手执斗笔，横涂竖抹，开始看不出画的是什么，但经过先生逐渐的渲染、整理，才逐渐显现出具体的树木（柳树）的动态及整个画

---

* 丁观加，书画家，傅抱石学生，曾任镇江中国画院院长。

面的气氛。这使我想起先生对我们所说的作画的手段多种多样，不能一成不变，要大胆落笔、细心收拾。这些教诲，一直很深刻地印在我的脑中，一直影响着我的创作，使我终身受益。

有一次，因课程临时有变动，负责教务的何先生要我（我曾任班主席）与另一位同学去告诉傅先生，请他第二天上午来上我们的绘画史课。那天午饭后，我们根据何先生给的傅先生家里的地址，从系里步行到鼓楼，再问到傅厚岗。

傅师母让我们坐下来，为我们端来了茶。她告诉我们先生在休息，稍等一下。是啊，我们刚才在大门口就听到这雷鸣般的鼾声，现在听来更响了，一会儿高，一会儿低，高时空气里真有些抖动的感觉。这使我们克制不住竟笑了起来。过了片刻，只听得呼呼声停了，接着是咳嗽声。师母进房去，又过了一会儿，先生出来了："有何重要的事啊？"我们说了来意。先生说："明天上午我好像有什么事，但是不管什么事，给你们上课最重要。好的，好的，知道了，知道了。"接着问起我们上绘画史课喜欢吗？对先生的课有什么意见。我们告诉他，同学们喜欢听先生上课，很有兴趣。傅先生说："有兴趣就好，我就是要让你们有兴趣，一有兴趣，学习就会有劲头，就可以钻研。"临走时，还嘱咐我们收集同学的意见转告他。

我们在回校的路上，除了议论傅先生的鼾声外，就是谈着先生的谦和、热爱教学、热爱学生的品德。

第二天上午，傅先生早早地来到了教室，上课的开头就说："你们派代表来要我为你们提前上课，这是好事。不是派人来对我说，傅某，你的课不上了。所以，我是很高兴的。"

于是，他开始授课了，还是老样子，从上衣口袋里掏出一张小纸片，放在讲台上……

又有一次，傅先生在讲到书法艺术时，要我们练习写字，我记得他说过，画面上题字很重要，题不好，一幅画就毁了。山水画题字要特别慎重。你们可以学学《九成宫》，欧字瘦劲、有力，我以前也临写过。哪知这一席话，便成了我学习书法的启蒙，于是，我便开始临习《九成宫》了。这本字帖便成了我自购的第一本书法教本，也是我的书法碑帖的第一册藏书。它对我的书艺的进展起了很大的作用。

(选自《精神长存——怀念傅抱石先生》，载于《江西文史资料选辑》第44辑，江西省政协文史委编，江西人民出版社1992年版，题目为编者加)

这幅画是傅抱石画的吗？

傅小石* 傅二石**

　　父亲在艺术上有不达目的誓不罢休的豪壮气概，而他平时待人却十分谦和。各种不同阶层的人都认为父亲平易近人，没有所谓"名画家的架子"。即使对同行，父亲也不"文人相轻"。例如，我们曾多次听父亲谈起他对贺天健的佩服，说"论功力我不如贺老"。

　　尤其突出的一点是，父亲一贯对处于困境的人特别是艺术青年给予同情和支持。据母亲说，还在她和父亲结婚以前，对一些境遇特别不幸的艺术青年，父亲就常常供他们吃、住，还教他们学画，支援他们上大专学校。而那时父亲自己也不过是个收入微薄的中学美术教员，他除了自己以外，还得奉养年迈多病的母亲。"有饭大家吃"，父亲在这方面是极为慷慨的。一些当年受到父亲帮助的人，如今回顾起来，都充满了言语所难以表达的感激之情。

　　有一件事很能说明父亲的性格。那是抗日战争结束后，我们家随当时的

---

*　傅小石（1932—2016），江西新余人，傅抱石长子。中国美术家协会会员。1958年毕业于中央美术学院版画系。1970年因保护父亲的四百多幅画作而被冤判入狱十年，平反后中风，右半身瘫痪，但以惊人的毅力改用左手作画，形成了自己独特的左笔泼墨没骨人物画风。代表作有《琵琶行》《春江花月夜》《敦煌壁画》《木兰从军》等。

**　傅二石（1936—2017），江西新余人，傅抱石次子。中国美术家协会会员、国家一级美术师、傅抱石纪念馆名誉馆长。擅长山水画和人物画，代表作有《峡江烟云》《待把江山图画》《风雨澜沧江》等。

中央大学由重庆迁回南京。有一个在南京居住的法国人，十分喜爱父亲的画，但从未和父亲见过面。他通过一家裱画店买了许多父亲的画，后来这个法国人要离开南京回国去了。在启程之前，他想宴请父亲一次，以表达对自己喜爱的画家的敬意，并要裱画店老板向父亲转达他的这番美意。谁知这一要求竟使那位老板感到十分尴尬：原来他卖给那位法国人的画中绝大多数是赝品，是一个学过一点中国画的青年临摹的。现在法国人要直接和父亲见面了，老板无计可施，只得把真情告诉了父亲，同时一再说明那个造假的青年并非专事伪造名人字画的小人，而是由于家境贫寒被迫而为之的，请求父亲给予谅解，并让那个青年亲自向父亲道歉。

这件事使父亲大为生气，可是想到那青年确实是由于生活困难才在裱画店老板的怂恿下做了这件不光彩的事，就答应"不予追究"了。当那位法国人在宴会上展示他买来的那些假冒父亲名字的技法不佳的画时，父亲没有当场戳穿。但事后回到家里，他终于忍不住骂了那裱画店老板一通——一个艺术家到底还是有自己的尊严啊！

还有一次，父亲带着我们兄弟俩到夫子庙去。走过一家字画店时，看见墙上挂的画中有一幅山水像父亲所作，画上也题了父亲的名字。但再一细看，就发现那是假造的父亲的画。父亲就问店里的人说："这幅画是傅抱石画的吗？"那人回答说："当然是的。"父亲又问："这幅画你们是从哪里得来的？"这时从里屋走出来一个老板模样的人。他大概觉察到事情有些不妙，就脸上堆满笑容地说："我是本店的老板，请问先生尊姓大名？"父亲说："我就是傅抱石。"

父亲的回答好像证实了老板的猜测。老板顿时满脸通红，赶紧请父亲到里面去坐。我们一走进去，就看见一个中年人十分尴尬地从座位上站起来。那老板一面叫人倒茶，一面指着那中年人说："傅先生，实在对不起，那幅画是这位先生画的。是为了借先生的大名谋取生活出路，才做了这种事，实在丢人，万望傅先生能多多谅解。"说完随即叫店员把那幅画拿下来。而那个造假画的中年人不知如何是好，只是连声说："对不起傅先生，对不起傅先生。"父亲看了看他，说："我看你画得还不错，不仔细看连我都能骗过去。你有这样的基础，自己也可以画出来的。以后不要再造别人的假画了。"接着又对老板说："你们做生意的，不能只管赚钱不择手段，也得顾及我们画家的名誉才行。"那两人不断点头说"是，是"，而脸上却已露出喜出望外的神色——他们万万没有想到父亲竟如此心平气和地了结了这件事。

（选自《回忆点滴》，载于《江西文史资料选辑》第44辑，江西省政协文史委编，江西人民出版社1992年版，题目为编者加）

我给你做模特儿

傅益珊[*]

我们全家只有我一个人是学理工科的。父亲对我的志向并不反对。但是命运却不肯为我作美，在大学一年级的时候，我就患上了神经衰弱症，后来越来越厉害，以致不得不退学疗养。那时候我苦恼极了，父亲也为我一夜愁白了头，可是父亲从来没有气馁过，除了各方延医求药外，更是鼓励我的斗病意志。

就是在这个关节眼上，父亲劝我拿起笔画画。我原来就很喜欢画画，可是为了考大学拼命在数理化上用功，竟将画画丢到一边去了，当我陷入苦境的时刻，父亲指点我画画，就好像一帖良药救了我。我拿起笔画各种我感兴趣的东西，父亲每天都要我拿给他看，他那样仔细地看，又那样认真地讲，使我渐渐地敬重起画画来了，不再把它看成是一种消遣的方式，而是一种认真的追求。

有一天，我对父亲说："爸爸，我给您画一张像好吗？"父亲听我这么说，真高兴异常，立刻回答我说："太好了，我给你做模特儿。"

于是就在沙发上坐下，静静地头转都不转一下，连抽香烟的手也尽量轻轻地抬起，又轻轻地放回原处，一直等我画完才站起来。父亲拿起我的速写

---

* 傅益珊，傅抱石长女。

本，看了一会儿，开朗地笑起来，说："这真是一张好速写。"

于是父亲就把妹妹们叫来，说："你们来看，看谁能看得出为什么我要说这是一张好速写吗？"

我们一时回答不出来，父亲说："小小（我的小名）这张速写画得像，但是仅仅像并不见得就是好画。这张最应该表扬的是小小的用笔，你们看，她是用线条来表达的，不像有些人，为了要画像，就擦擦勾勾，笔触又短，又碎，这些线条，既肯定，又准确，看上去痛快淋漓，这就是画水墨画的基础，画国画十分需要这种洒脱的精神。以后你们都要学姐姐，千万不要忘掉这个原则。"

父亲一番话，说得我既兴奋，又惭愧，因为我并不是自觉地那样做的，但我和妹妹们一样，那天以后，就再也没有忘记过父亲的这一教诲了。

我后来又用毛笔来画，我画了一张题为《送肥去》的国画，在父亲的支持下，参加了三八妇女节的美术展览，获得了好评。

父亲离开我们近三十年了，但是我觉得父亲依然存在于我们的生活环境中，处处感觉得到父亲的影响。画画，现在已成为我生活内容的一个主要部分，我越来越意识到，对画画的追求，和对爸爸的追念，在我身上早已融为一体，也成了我的最大的幸福。

（选自《父亲教我画画》，载于《往往醉后见天真：回忆傅抱石》，黄苗子等著，中国文史出版社 2019 年版，题目为编者加）

傅厚岗 6 号的日子

傅益璇*

父亲在南京生活近二十年，共住过两处地方。一处是城北玄武湖畔的傅厚岗 6 号，另一处就是他去世的地方——汉口路 132 号。

父亲在傅厚岗 6 号住的时间最长，大概有十几年。感情也最深。听母亲说，那幢房子是父亲用在重庆的画集资盖的。父亲的原意，是盖两幢一样的楼房，组成一个花园。也想好了名字"慧园"（母亲的名字叫罗时慧）。我相信那是送给母亲的礼物。可惜后来遇到战乱，到处都民不聊生，已备好的材料，渐渐被人偷去。到开工时，只够盖一幢房子了。而且因为银钱拮据，连油漆也无法完成。当然"慧园"也没有再用。我想可能是父亲觉得已不值得再冠以母亲的名字了吧！

那是幢砖木结构的三层楼房，有一个偌大的院子，长满了灌木和高大的乔木，有许多都是父亲亲手种植的。我印象最深的是两棵桂花（一棵金桂，一棵银桂），一棵枫树，一棵高大的玉兰花，那两棵桂花可能是周围的树荫太浓，遮住了阳光，生长得不十分好。但听母亲说，那是因为父亲、大哥（小石）及我的生日在农历八月（好像是连着的三天），而桂花飘香也在八月，

---

* 傅益璇（1945—2017），江西新余人，傅抱石次女。1968 年毕业于南京艺术学院美术系，专业画家，擅长油画及水墨。

父亲为此特地种上的呢。不过那棵枫树却长得讨人喜欢，每年秋冬季节，映着清晨的阳光，那种鲜红欲滴的颜色，衬着墨绿的宝塔松，实在是非常突出而令人难忘的。记得父亲也常常在树前流连，有时还允许我摘一片红叶夹在书里。

通到大门的是一条弯弯的洋灰路。路的两旁，整齐地种着黄杨树，大概有到腰间的高度，树顶修剪得很平，而且一年四季都是常绿的。这使得那条单调的小路有了一种曲径通幽的感觉。父亲常踱步在其中，看着四面的花木，有时也做一下深呼吸。我想在那个时候，他的心情应该是很愉快的吧！

小路的尽头，是院子的大门。虽然要起大门的作用，但却是一扇小木门，也没有好好地油漆，朴素得近乎简陋。但门的两旁，却连着长长的篱笆，将整个院子围住，显得很气派。最特别的是，那竹篱笆上爬满了月季花。也不知为什么，它们生长得特别茂盛。每逢春夏时节，如连下了几场雨水，那深红的、桃红的、浅红的、粉红的，大大小小的月季花夹着长长的枝条，铺天盖地般地垂了下来，到处都是一片灿烂！蜜蜂和那些不知名的小飞虫，整天嗡嗡地响个不停。过路的途人，或放学的孩子，都会忍不住摘上一朵，把玩一番，我们也从不干涉。大概感到那是摘之不尽的吧！父亲是爱花木之人，我想他也一定是乐在其中的了。可惜的是，没有几年之后，院子外的马路要扩建（为了让大卡车通过），这些花和竹篱笆都被连根拔了起来。院子缩小了，花也没有了，蜜蜂当然也不再来。换来的是从早到晚震耳欲聋的汽车和满天飞舞、无孔不入的尘土。

那时父亲的收入不多，负担却很重。不但要应付我们六兄妹的开支，还时常要接济江西老家的亲友。因为父亲是有求必应的，所以来找父亲的人更多。记得我们的生活一直是很清苦的，直到父亲去世前几年才有好转。当时我吃饭的饭桌上，也只有一两样好一点的菜，而且是为了父亲而做的，那也不过是什么"辣椒炒肥肉片""红烧猪大肠""芦蒿炒腊肉"（芦蒿是一种只吃根茎的蔬菜，有一种特殊的气味，父亲非常喜爱）或是一盘皮蛋，当然也少不了一碗辣椒油。从现在的观点来看，这些菜都是胆固醇极高、营养又不全面的菜。但父亲却是无此不欢，而且还要母亲亲手做才行。父亲有时也爱吃汤面，虽然他不是北方人，但吃起汤面来，却是很豪爽的，加了红红的一层辣椒油的大碗面，他能很快地吃完。虽是满头大汗，但却是很痛快淋漓。听母亲说，父亲这个吃汤面的习惯，是在50年代初期养成的。那时他要在单位里（南京师范学院）参加"知识分子向党交心运动"，每晚开会向党交心到深夜。就是在大风大雪的夜晚，也不能缺席。经常是我们兄妹都熟睡了，母亲还在苦候。有时更会冒着风雪，撑着伞，跑到傅厚岗巷口去等。父亲回来后，当然是一身的寒气，又冷又饿。此情此景，一杯白干，一碗汤面，就是最大的安慰了。就是这样，父亲一直到老年，都很爱吃汤面。

南京夏天的酷热，是令人难忘的。一到傍晚，不但白天的余热未消，而且地面吸收了一天的热气，也蒸发了上来。那种闷热，是令人心烦意乱、坐立不安的。通常我们兄妹都是合力提水浇在地上、墙上，甚至各种乘凉用的床上、凳子上，好像发了大水一样。这样才能将白天的余热散一些，好让父母亲晚饭后来休息。我记得母亲常常穿着一套半旧的黑绸衫裤，睡在院子里的小竹床上，轻轻拍着扇子。父亲总是坐在她的身边，手里也拍着扇子。他们总是有那么多话谈。等到我们兄妹东倒西歪地沉睡了过去，他们还在侃侃而谈。我倒从未认真听过他们的谈话，可能听了也不会十分明白。现在回想起来，应该是谈有关父亲的创作，题材、构思，以及各种快乐和烦恼。当然也一定会谈到这一家大小的生计和父亲肩上沉重的负担。直到后半夜，轻风渐起，月儿西坠，父亲才会和衣睡去。

父亲在夏天乘凉时，时常会帮母亲捶腰，常常捶到深夜，直到母亲睡熟。母亲曾告诉我，她的腰病是生我时受凉落下的。又说我有多大，父亲就帮她捶了多少年，其实父亲对我们兄妹也一样的钟爱。虽然我们经常惹他生气，令他失望，但他很少责罚我们。不过他对哥哥比较严厉，大概是对他们的希望更加殷切吧。我记得每逢刮风下雨，父亲都会走到我们房间来，帮我们关好窗子，拉好被子，而且他并不叫醒母亲。我常常在朦胧之中，感受到父亲对我们的呵护和那种温馨无比的安全感！

父亲步入老年之后，身体逐渐发福，他又特别怕热。夏天在傅厚岗的画室里，他常穿的白竹布的短褂，似乎无时不是湿透了贴在身上的。额头上的汗水不断地淌下来。两个手臂上的汗更是顺着手腕往下流，源源不断。母亲常要放两条大毛巾垫在手臂下接汗才行，而且要时常更换，否则很快就饱和得无法再吸汗了。就在这样的情况下，父亲也是手不离笔地埋头作画，而且还画出许多流传后世的优秀的作品。在那个时代，不要说冷气，就是连风扇，也是后来才有的。但风扇的风会吹乱纸张，所以常常也是不开的。因此他一直是在极其闷热的环境中工作。现在每当我在冷气充足、窗明几净的画室习画时，总是会难过地想起父亲所经历的辛苦。要是他老人家能活到今天，我一定会帮他布置一间冬暖夏凉的画室。可是这一切他都不会知道了。这就是所谓"子欲养而亲不待"的惆怅！

父亲晚年的手臂的疾患，给我的印象很深。他因长年累月地从早到晚提着手腕画到深夜，既不保养，又没有时间休息，积劳成疾是必然的。我记得最疼的是右手。从肩到手腕（最严重的是肩）不时痛得不能提笔，不能举筷，甚至痛得不能在饭桌上吃饭（饭桌比较高），要改在矮茶几上。而且也是食不甘味，话也少了许多。为了治疗手疾，也想了不少办法。当时父亲在香港的朋友曾寄了不少药来。记得有"脱苦海"和另一种止痛药。又用过另一种叫作"坎丽砂"的偏方，是用一种铁屑（相信不是普通的铁屑）拌上醋，包在一个布口袋里，敷在肩部。铁屑和醋会起一种化学变化，散发出很烫的热力，用此来改善肩部的血液循环。但在散发热力的同时，又散发出一种极难闻的味道，令人窒息难忍。不过，在敷过之后，父亲倒能舒服一阵子。他就是在手疾如此严重的情形下坚持作画的，相信父亲当时是非常辛苦的。想起这些，我常常深感不安。我直到如今，都不知道父亲在去世前手疾到底好了没有，他为此到底受了多久的痛苦，许许多多的问号，我都无法再弄明白。

20世纪50年代，南京的民风十分纯朴。过年过节气氛很浓，充满了人情味。我记得父亲很重视这些，每逢将近年关，父母亲就会商量着做些什么菜，请哪些人来吃饭，又为我们兄妹添置些什么，等等。虽然家中并不富裕，但父亲总是想尽办法要将这个"年"过好的。还有一件事，父亲是一定会做的，就是带上我们几姐妹去夫子庙买花灯和年花。我印象中他似乎偏爱天竹（结有累累红果的那种）和银柳，当然还有蜡梅花。

　　我们搬离傅厚岗 6 号是父亲去世前二三年的事。我记得是因为我们家对面的印刷厂每天发出的噪声越来越厉害。早、中、晚三班工人，在放工时，不分日夜的喧闹常常使人从梦中惊醒。而且在每日清晨，大概 6 时至 6 时半吧，就开始播放高音喇叭，震耳欲聋。就是在这种情形下，有许多关心父亲创作的朋友，都极力劝说父亲，搬到一个较清静的地方去，我记得郭沫若先生和当时中央的几位领导人都极为关心此事。就这样，父亲才依依不舍地离开了傅厚岗 6 号。我清楚地记得，父亲是最后离开那里的。他颇有些留恋地关好所有的门窗，又独自站了一会儿，才转身上车离去。不过，没想到的是，他从此就再也没有回去过，而是在新房子里突然去世。现在回想起来，如果有先知先觉的话，那么父亲留在旧居直到去世，应该是他的愿望。不过，他从未有机会说，我们又如何可以得知呢？

　　熬过了"文革"，经过了多年的苦难，母亲和我们几经辗转，回到傅厚岗 6 号。但那里已经历尽沧桑、面目全非了。母亲只好打起精神，又重建家园。虽已不复父亲在世的环境，但倒也可以安居，因为这毕竟是父亲真正的故居啊！

　　（选自《无情最是台城柳　依旧烟笼十里堤——记父亲在南京故居的生活点滴》，载于《往往醉后见天真：回忆傅抱石》，黄苗子等著，中国文史出版社 2019 年版，题目为编者加）

一架紫藤满院香

傅益璇

　　父亲在生命的最后两三年，住的地方是南京城西的汉口路 132 号。

　　那是一个很有历史的大花园。三层楼房高高地建筑在一个林木葱葱的小山头上。另有一排平房，围绕着主楼。整个花园占地有六亩之大。从主楼到大门口，有一条宽阔的大路蜿蜒而下。路的两旁长满了竹子，密密麻麻，成林成片。每到夜晚，路灯闪烁其中，别有一番风味。微风过处，成群的麻雀叽叽喳喳，倒是一片清幽，令人神往。在主楼的南面，有一排五棵参天大雪松，气势逼人，树下遍种花草，还有一个金鱼池和各色假山石。羊肠小道穿插其中，是一个散步的好去处。最特别的是，主楼后面，另有一条崎岖小道，曲折而下，通往大门口。这是花园中最引人入胜的所在。在二百多级麻石砌成的小道上，有一个用粗壮的圆木搭成的、长廊形的花架。两旁长着有碗口粗的曲折盘旋的紫藤。那些细长的枝条爬满了木架，并向两边的空间伸展开来。每逢春末夏初，那紫藤花就东一串西一串地竞放，直到满架都挂满云衫一样的粉紫色的花。就是在阳光普照的白天，那花架下，小路上，也只有斑斑点点的阳光可以透进来，夹着晃动的花影，令人眼花缭乱。每当微风吹过，那重重的紫藤花瓣，便像雪花似的飘落下来，弄得你满头、满身都是。真是"绿树荫浓夏日长，一架紫藤满院香"了。父亲很喜爱这架紫藤，但由于花架下的小路上常年不见阳光，到处长着片片青苔，很容易滑倒，因此，我倒不常见他去走动，只是安静地欣赏那静静地飘落的花瓣。

我想，那时的父亲，心情应该是愉快而宁静的。

（选自《无情最是台城柳　依旧烟笼十里堤——记父亲在南京故居的生活点滴》，载于《往往醉后见天真：回忆傅抱石》，黄苗子等著，中国文史出版社 2019 年版，题目为编者加）

惊悉南石病丧身

赵清阁[*]

　　50 年代末抱石同志已是年近花甲了，我发现他两鬓斑白，背渐佝偻。他开始患了高血压症。医生禁他饮酒，他不听，他说没酒就画不出。1958 年、1959 年间，正值自然灾害供应紧张之际，他在北京画人民大会堂的《江山如此多娇》，因为买不到酒，他"罢工"了。他已经成了习惯，没有酒精刺激的兴奋，笔好似千斤重，拿不动，更挥不开。为了完成任务，他只得写信给周总理，请求支援。周总理立刻派人给他买来佳酿，真是少见的好总理，事无巨细，都是躬亲关注。这件事朋辈传为美谈，也可见抱石嗜酒之甚。他不仅擅画，并能金石，他为自己刻有一方闲章"往往醉后"。他说：唯得意之作才用此印。我曾劝他戒酒，他感慨地告诉我，他贫寒出身，一生勤劳制画，所得赖以养活数口之家。个人别无所好，只此一点烟酒癖，也要戒掉，岂不太自苦乎！我了解他生活俭朴，性格洒脱，从不为个人谋享受。一点烟酒的精神食粮，而且关系到他的创作，似乎难能戒除了。

　　1963 年夏天抱石同志到上海，住东湖招待所。当时阳翰老也住在东湖，我每去东湖，必看两人。有一天我去看抱石，见他正独自饮酒，也没有菜肴，

---

* 赵清阁，女作家、画家，上海社会科学院研究员。

干喝。他讪讪地解释他已经吃过饭了，有点感冒，想喝酒出出汗发散。我不相信，就劝他戒饮，因为酒对高血压病是不利的。但他说："我今年已是虚度六十了，即使死也不算短命；悲鸿只活了 58 岁，明人大画家唐寅还不如悲鸿。"言下他很得意自己的长寿。我听了真是哭笑不得！他看到我手里摇了一把古折扇，扇面是绢的，便要替我画。于是第二天他来到我家，兴致勃勃地在扇面上画了一叶扁舟，舟上一个老人独酌，丹枫飘飘似雨，诗意盎然。他叫我题诗，我答应了，但是直至他逝世后我才题了一首五绝补写上去。扇面背面系洒金纸，翌年由田汉同志书写，可谓"珠联璧合"。不意这竟是他两位最后一次为我画、为我写的扇面，不久他们就先后作古了！

越两载，1965 年的 9 月深秋，抱石同志又到上海，当时我身体不好，又正忙于参加电影界的文艺革命。27 日他来看我，我请他在文化俱乐部吃了一顿便饭。他告诉我他是应上海市委会邀请，商讨为飞机场作画的事。他的情绪很好，精神抖擞，不像我已经因为影片《北国江南》的被批判，开始有些紧张了。第二天晚上，魏文伯同志请他吃饭，回到锦江饭店给我电话，说他明天清早回南京，过了国庆节就再到上海，并且要耽些天，直至完成作画的任务。从声音里我听出他又喝多了酒。（后来听说，他那天不但喝多了酒，还作了画）我祝愿他一路平安，欢迎他下次莅沪。做梦也没想到，29 日上午他回家后猝患脑出血，与世长辞了！当天夜间我从无线电广播中听到噩耗，我简直无法相信这是真的，前一天晚上他还在电话里向我告别，言犹在耳，怎么竟会从此永诀了？！电台的消息绝不是谎言，抱石确是连自己都毫无思想准备，而匆匆地去了，去了！

我挥泪写过一首悼念他的诗：

飒飒秋风泣鬼神，惊悉南石病丧身！
昨宵电话犹在耳，今日竟成隔世人！

不期大才偏早死，未能高艺尽展伸。

泪眼凝视著书图，何时再为我写真？

这诗写出了当时的真实情况。

（选自《红叶盅酒祭画魂》，载于《江西文史资料选辑》第44辑，江西省政协文史委编，江西人民出版社1992年版，题目为编者加）

白头犹是一婴儿

谢似颜 *

> 文采庄严百世师，白头犹是一婴儿。
>
> 平生历尽风波恶，独抱天真妩媚姿。

这是我挽许季茀先生的诗四首之一，把第二句作为本文的题目才能表示他老人家整个儿的人格。呜呼！像他这样到老天真的婴儿，会遭这样的惨死法，我哭了好几天，哭得连家里的人个个也伤心落泪了。他 66 岁的生命，可以说是一部奋斗史。看最近那样的矍铄精神，至少活到 80 岁，似乎不成问题，开始写几部不朽的名著，为后生作榜样，为国家文化发光辉，这是大家都祈望着的。万万梦想不到文化界的一代大师，断送在一把柴刀上。这世间有良心的人，无论识与不识，哪一个是不痛惜的，何况有"知遇之感"的我，自然要哭得似痴呆了。

先生长我 12 岁，讲学籍是我的先辈，论资格是我的老师，不！简直是太老

---

* 谢似颜（1895—1959），浙江上虞人。知名体育学者。1917 年，就读于安定中学，第一次参加浙江省第一届运动会，就以夺得 100 码、200 码、400 码三项冠军的成绩而轰动杭州城。1918 年留学日本。回国后担任浙江省体育场场长、北平师范大学体育系教授、北平私立民国大学体育系主任等职。谢似颜是许寿裳的学弟和好友。有《鲁迅旧诗录》《奥林匹克沧桑录》《田径赛的理论与实际》《西洋体育史》等多种著作留世。

师，因为我曾受业于他的学生。若比起学识文章来，那不知道要"太"了几"太"了。但他从不以老先辈自居，对面叫老谢，如有新朋友或学生在座，就称先生，信中必写老哥与学兄，自己则署名称弟。我曾问过他这样颠倒称呼的意义，他说这里称呼不在年龄而在学问，凡学问总是进化的，后进必胜于先进，而且这并非我的创见，我不过承蔡子民先生遗志罢了！

民国 24 年有人向教育部造我谣言，说我是不学体育的做了体育主任，他在南京听到了大发脾气。民国 26 年北平沦陷又有人造我谣言，说我已作了汉奸，他在西安又听到了，气得几乎胡须颤颤发抖。因为当时日本人不愿做教授的文化人走出北平，后来我与王耀东兄乔装商人逃到天津，乘英轮转青岛直抵西安，与他一见面，欢喜得什么似的握着我的手说："我知道你一定出来的，果然！果然！"他前后两次发怒的事情，并不曾对我说过，倒是别个朋友转告我才知道的，写到这里，涔涔的泪要与墨水俱下了！

西安的联合大学不久迁到城固，我与王耀东带领了男女大学生徒步走过秦岭到了汉中，形容很憔悴，与他又见面，也欢喜得什么似的，竖着拇指对我说："你太辛苦了，伟大！伟大！"得他这样的一句褒奖，我顿时觉得人生很有意思，忘掉了一路的疲劳。我牢记得城固王史巷四号集了一个饭团，约定许先生、李季谷、林觉辰、陈之霖、齐植朵、杨若愚，还有其他好几个朋友，每天一起吃饭，饭后大家都向许先生问文字学、甲骨文，以及古人作的好诗词，尤其是陆放翁的诗词。我以前曾讽刺作旧词诗的朋友，以为是吸鸦片来麻醉自己的，到那时乡居无聊，书箱又少，一时愤慨无从发泄，要刺激自己一下，也吸起"鸦片"来了，稍久之后想试试看，偷偷地写了《无题》的题目，硬凑了一首七律，羞见人的，内中有"含泥偏苦营巢燕，叠露频妨出谷莺"一联。不知怎的被他发现了，一天，对我说："你那一首《无题》，通首还得要商量，营巢燕是记挂尊嫂，出谷莺是记挂令郎，这两句很有意思。"有时候他在饭后茶余把这两句捻着胡子吟哦，且看着我微笑。

庚儿信到城固，述北平不好的近况，我苦闷了好几天，他知道了。他每晚 9 时必睡，早晨 3 时必起，是 30 年来的习惯，这一晚上特别破了例，到

12点钟，静悄悄来我的寝室，坐下，向我笑说："你的老婆领孩子留在北平，我的老婆也领孩子留在上海，一样的苦，偏你不能泰然呢？这是没法子的事，何必烦恼，只好忍耐。"我心里忽像别了妻子随了慈父得到安慰一样，就很高兴请他去早睡。

联合大学突然改组，许多朋友不能聚首一堂再做快乐梦。有几位意志不坚定的家伙竟一怒回到北平，加入伪组织当汉奸去了。一般朋友与先生多飞云南转四川，我则始终逗留在陕西、河南一带，直到抗战胜利为止。在抗战期间与我通信的朋友，以许先生为最多，信中所谈的范围又很广泛，如科学、文学、诗词、传记、中国小说、鲁迅思想、个人修养等无所不谈，单就文章明畅、字迹挺秀这两点讲，我实在惭愧得很，信中偶尔写一句得列门墙为幸的话，回信也反说愧不敢当。其实我的文字他改正，我的思想他矫正，甚至于日常生活不遵礼法的言笑，他也当面不客气地指正，天下很少像他这样爱人以德、诲人不倦的老师，从今而后教我何处追求，我怎能不哭呢？

我认识先生很晚，在民国16年的杭州，当时匆匆一次同席，握手道姓名而外没说一句话，他给我第一个印象同一般人一样，认为是位冲淡温厚的长者，但相交21年之后对他的观念竟完全不同了。他一身含有慈祥、威严、宽恕、深刻、刚毅木讷、聪明正直，种种德行，几乎把字典上所有相反的好字眼加上去，仿佛都可以，我竟说不了许多。为什么这许多矛盾的德行会包含在他一身的呢？这除非用老子所谓婴儿的性格来解释不可了。因为他是个老婴儿，所以思想总是前进，对无论什么事物不管大小，总是津津有味，绝不相信世间有做不到的事，也绝不肯用心思要防着别人。正唯其如此，有些人就利用他、欺骗他，甚至于暗算他，发觉以后免不了要大怒的，这在别的深于世故的老头子，与未老先衰的中头子以及机诈百出的小头子，笑眯眯地看作常事，他却愤愤地认为奇事。然而事过境迁以后，他早已不记在心头了，依然相待如故，浅薄之流竟误认他是一个老糊涂。那自然的啰！他们怎能了解他老人家内心是一片烂漫的天真，只看了他的外表须发皤然、道貌岸然、文章斐然罢了！

记得他任北平大学文理学院院长的时候，常常看上体育课，一般男女体育教师很不高兴，好像监督他们似的，我常代为解释他老先生童心未去，看运动是一种艺术，很有兴趣，决不是监督你们，他们总以为我替他辩护，终于不相信。后来院中发起教职员网球会，院长自己要求做会员，那一般教师自然欢迎啰！轮到他打时，他哪里打得着，只是拿着网拍立了半天，有人故意送一个好球给他打，他向空一挥，球与网拍的距离竟有一丈多远，口里还说："可惜！可惜！"大家看他那俨乎其然的样子，咬着嘴唇发笑，背地里就称他为"虚晃一刀"败下阵去了。

一到冬天，又发起溜冰运动，他也买了一双冰鞋准备参加，我竭力劝阻，种种解释，他总含笑不答，于是另发起乒乓会来满足他的运动欲，他自然加入也自然打不好。有一回他郑重其事地对我说："不要故意让我，尽管拿出本事来打，我是不怕输的，只保持 sportsmanship 就是了。"我含笑答应，他与别人打，我不知输赢如何，与我打了一年以上，千百回的乒乓从不曾赢我一回，然而他总是打，我从此认识他百折不回的精神了。恰巧不久以后他的女公子世瑛从上海到北平来，我即劝他把冰鞋给世瑛穿，妙在父女足的大小刚刚合适，一有空他总跟着去看世瑛溜冰，一位 16 岁女孩的冰鞋尖向东，那一位 54 岁老爹的胡须也跟着向东，向西也向西，目不旁瞬地盯在冰鞋上。那副笑嘻嘻的面孔上所表现的欢乐，真是非言语文字所能形容的，我跑去约几位体育教师来看，他们一见这样子，急忙掩口跑出冰场外捧着肚子发笑，这才相信我以前所说的话，更是真实的了。

他起初对我的印象很不好，看作一个粗莽的人，一年以后渐渐知道我教书很有点经验，但聘我做体育主任还是不放心。等到做了主任又一年以后，学生各方面都有进步，把运动会上的大银杯竟夺了来，他于是一变作风，凡关于体育上的事全不过问。有一天，问我第二年体育系应规定哪几种课程，拟聘哪几位教授，我一一告诉他，只有儿童学这个课程想不出人教，他满面含笑地说："很好，很好，聘不到教授时，我可滥竽充数否？"我惊喜地说："那真好极了，记得先生在江西时曾讲演过儿童学，那真好极了。"他笑说：

"我还得预备才好呢！因为你的事是敷衍不得的呀！"我听了这句出人意表的话觉得满身痛快，几乎要流下感激之泪了。

从此即使我高谈阔论，他决不再认为是粗莽的行为。可是，有一次几乎闯了大祸，与朋友聊天，评论古今人物，不知怎的忽提到太炎先生，说他不该到孙传芳处去投壶，似乎晚节不大好，忽听得他橐橐脚步声，从门外进来，那位朋友很机敏地使眼色，命我从后门逃出。事后第二天，我问："怎样？"那朋友笑说："险呀！他老先生所佩服的师友如果有人批评他们，他是要拼命的，尤其是蔡子民、章太炎、宋平子、鲁迅四位。"我因此回避他竟有半月之久。不知哪一天，总而言之有一天，有位朋友请他与我及许多朋友吃饭，饭后劝打只有输赢没有钱的麻将，他很高兴答应了，命我坐在他后面看牌。他打牌也实在打得不好，但他总是聚精会神地打，慢慢地把牌一张一张摸着，半日对面打了一张和的牌下来，他还是慢腾腾不翻倒，我急得了不得，叫道："和了！和了！"他瞪着眼怒视我，把牌一扔道："和总是和的，你急什么？"在场朋友，有的惊奇，有的暗笑，我立刻觉得评论章太炎先生的事，今朝借此发作了，发作了也好，省得回避他，而且这个"急"字正是我的病根，他教训得真好。过了几天，他很俨然地对我说："你要取消太太才好呢！"我笑道："小僧不解先生话哩！"他点头微笑道："这句《西厢记》用得很切当，你真聪明……"说到这里，他的声调特别来得郑重，几乎是一个字一个字念出来的，"可……惜……你……的……心……太……热……太……急……"说到"急"字我早已敛了笑容，毛骨悚然了。

先生一生的传记以及学问、道德，一定有人会有详细的叙述，我这里不过略举在北平的小故事的一部分，至于在西安，在城固，及到台湾以后，像这样的故事还有不少，为篇幅所限，我也说不了那许多。总而言之，先生的思想总是前进的，无论对什么事物，不管大小，总是津津有味的，绝不相信世间有做不到的事，也绝不肯用心思去防着别人，饱经烽火，屡蹈危机，尝过了多少忧患困苦的世味，却依然是一位没有心机的婴儿，在这样的世界上偏有这样的人，我至今为止所碰到的，他可算是第一的了。呜呼，先生！但愿把你这一片天真的精神渗透在你生前所最爱护的青年的血肉里，来挽回这机诈百出、滔滔皆是的狂潮。

（载于《回忆许寿裳》，浙江省政协文史资料委员会、绍兴市政协文史资料委员会编，中国文史出版社2018年版。作者写于1948年3月12日）

诚实的老友

景 宋[*]

　　拿许先生和鲁迅先生相提，就颇两样，一个是知识分子型，一个却是农民型。例如遇到桌面有尘污时，许先生必侧首详视，确有不清洁处，就拿布去揩掉。鲁迅先生虽然也会用布去揩，有时或会由它去，或顺便用手揩两下，然后两手相拍，即算拍掉了龌龊，若无其事似的。前者的处理是用绅士态度，而后者则更近于农民式了。又如吃面包，据鲁迅先生的回忆，作为趣谈告诉我们，说是在东洋留学的时候，有时吃面包，许先生如同某些人一样，欢喜撕掉边缘，这原是普通常遇到的。鲁迅先生却舍不得，就拿起这边缘放到自己的嘴里去嚼。许先生看着倒奇怪了，问他为什么要吃面包皮，鲁迅先生随口答道：我欢喜吃的。许先生信以为真，以后每次同吃，特把面包皮送给鲁迅先生。这可见许先生的厚道、老实。隔了多年之后，鲁迅先生说到时还发出爽朗的笑声，表示对这样诚实的老友的爱护呢。

　　办事认真、负责，则蔡先生、许先生和鲁迅先生都是一样的。许先生无

---

* 许广平（1898—1968），笔名景宋，广东番禺人。鲁迅夫人。1917 年就读于天津直隶第一女子师范学校预科，担任《醒世周刊》主编，并在周恩来领导下参加了五四运动。1923 年考入北京女子高等师范学校国文系，成为鲁迅的学生。1932 年 12 月，与鲁迅的通信集《两地书》编辑出版。1949年后历任政务院副秘书长、全国人大常委、全国政协常委、全国妇联副主席、民主促进会副主席、全国文联主席团委员等职务。

论写信、撰稿，总是行楷，用毛笔写。《亡友鲁迅印象记》的稿子如果是托人抄写，寄出之前，他一定重校一遍，待到见于刊物上，遇有错字，总希望次期设法替他登勘误表，但因篇幅、时间种种关系，未能满足他的愿望，只得委婉向他说明。而当这本书印单行本的时候，我们特地给他校对了一次，到出书之后，从他眼里，还是看见有错字，他又来信要求赶附校勘表，出版社以为最好等到再版的时候再修改，却想不到再版时许先生已经无从修改了，这岂是出版社所料到的呢？

许先生性情虽然和易，但是非善恶之分，有不能望望然去之的时候，也许难免以直报怨，或者忠厚待人，而遭到以怨报德，那么吃亏的还是许先生了。但在我看来，以为许先生毕生有公愤而没有私仇。

去年台湾事变，从许先生信里说及台人曾经到过编译馆几次，幸而无恙，那时我只不过替许先生放心，并不觉得怎的。后来听说台人到馆，曾经问过馆里的台胞，有没有受压迫，他们都说相待甚好，因此没有遇到危险。最近更有人从台湾来，说当紧急时，许先生站在大门口，阻挡来人，说是如果不满意，杀我好了，千万不要到里面扰乱。这种牺牲小我来保存整个艰难缔造起来的文化事业，看事业重于生命的精神，即是失却理性控制的时候的人，也为之感动退去，岂不是真个"精诚所至，金石为开"吗？无怪他死之后，整个台湾为之轰动，吊丧的人无不落泪，众口一词，悲悼痛惜。而独不能诚格高万仵，则颇有类于韩愈的诚格鳄鱼，而不能回君王的视听了。然而假若多几个像许先生在台办事的精神，也许不会有台湾事变之类的事情发生了。

(选自《关于许寿裳先生》，载于《回忆许寿裳》，浙江省政协文史资料委员会、绍兴市政协文史资料委员会编，中国文史出版社2018年版，题目为编者加。作者写于1948年2月)

办学的苦心孤诣

景 宋

那时是民国 11 年，在天津，初师毕业就投考到北平女高师去了。因为向例师范学校有饭食，有住宿，而且又免收学费，讲义是油印，学校发的，书籍费也不必筹，只要每月有三两块钱够买纸笔，另外偶然添件蓝布大褂，也不过块把钱的经费，还不算难筹，比起现在的读书，那时我们的条件实在太好了。而锦上添花的，就是我们的校长许寿裳先生。他不但延聘了许多东西洋留学的人来校教书，还多方邀请在北大任教的学者，使校内文理各系同学都有适当的满足于求知欲之感。然而那时办教，也并非容易的事。我们知道北洋军阀的段祺瑞，完全倚赖于日本帝国主义的支持，连日常政府开支，也全靠借债度日。因之学校经费，在省无可省之下就赊欠，寅吃卯粮，学校当局也一样经常在举债度日的情况下讨生活。虽则如此，许先生还是顾念各地远来的学生，多属南方人，禁不起北方的天寒地冻，不惜借债替学生在宿舍里安设热水汀，终于在冬寒料峭之中，有满室生春之感，使常患感冒伤寒的学生，顿然减少。即此细枝末节，也可见许先生办学的苦心孤诣，无所不至了。

然而精诚所至，未必金石为开，而顽石点头，究竟有谁见过？许先生的毕生遭遇，可哀者在此。在女师大，忽然有一天，总务处的会计员不知因什么吵起来了，过了不久，学生里面也有在贴标语的了。那时我刚到学校不久，没有详细了解那事的经过，总之许先生很快就洁身引退。马上展开许多宣传，说有一位杨荫榆其人的，刚回国不久，她从前曾在本校女子初级师范的时候当过舍监，以身作则，办事如何如何认真云云。而且又有补充，说女子有资格在专门以上学校当校长的实在不多，女人长女校，在女权运动上应当拥护云云。在如此这般的鼓吹之下，杨荫榆走马上任了。首先撤换了许多女师大预科的教员，延聘而来的不是和她同来的美国留学生，就是教育部官员，文科还打算把北大教员辞掉，换请鸳鸯蝴蝶派的，把许先生刚刚创立的一点规模略具的基础全盘推翻，大刀阔斧，不顾一切。最犯众怒的一次是她参加校务会议，稍不满意，又公然直斥某理科教员为"岂有此理"，以致引起公愤，大家都有不能合作下去之意。于是不到一年，教员纷纷辞职，学生痛感失所领导，在上下痛愤的情绪之下，只见杨荫榆头戴白色绒花，身披黑缎斗篷，整天急急忙忙，到处奔跑，学校公务，则交给她的两三亲信，代决代行。

那时是民国14年，孙中山先生北上病逝于协和医院，青年学生对这位终生从事革命者寄予无比的哀痛的时候，杨荫榆秉承段执政的反动头脑，居然拒绝学生的要求，不许学生排队在天安门接灵，她说："孙中山是主张共产公妻的（那时已经有红帽子出现了），你们要去，莫非也愿意学他吗？"

当时政治空气不因段祺瑞高压之下而对这位伟人有何污损，越是毁谤，人民的认识越坚定，结果全北京城同声哭悼中山先生。女师大的学生也终于突破严防，高举校旗，在列队之内参加行伍。这是进步与倒退力的决斗，在洪涛般的群众之下，黑暗的魔手无法施展。除了杨的私党，教师多数也倾向孙中山先生的革命精神，这原是社会进步的必然趋向。由于这些进步力量的凝结，在段祺瑞主使的工具章士钊解散女师大之后，许寿裳先生本于义愤，判断出自己应该随着进步的路走，乃不怕嫌疑，毅然直斥章士钊解散学校，罢免鲁迅先生教育部佥事之职为非法。而章士钊在继续疯狂暴戾之下，也把许先生免职了。

无官一身轻，许先生摆脱了教育部员的羁绊，置身在那时进步的人士领导的在北平宗帽胡同自赁校舍的女师大，身兼校长、教务长、教员的职责，不辞劳瘁，日夕处理校务，却又是不受分文酬报，在自己失业的时候而如此清苦，真是难得的了。许先生教给我们儿童心理学，他精通英文、日文，授课的时候，常常把外国书拿来给我们参考，尤其在有图表例证的时候，增加了丰富的学识。他自己的学问也很深湛，所以讲解的时候，大有头头是路、应接不暇之状。三个月的刻苦支持，校务、教课丛集一身，终于使学校恢复了。这固然是许先生们劳苦的代价，尤其是能和进步的力量结合在一起，迫使段、章之流不得不稍退一步。

但是反动力量是如此顽强，一有机会就死灰复燃，终于有名的"三一八惨案"爆发了。在国务院面前，段祺瑞指使了卫兵用步枪大刀，屠杀徒手请愿学生，女师大当场有两个学生刘和珍及杨德群遇害了。许先生亲自替她们料理丧事，以致十余天不能入睡。这里可以看到许先生对反动势力的怒火多么高，对为国牺牲的青年热爱多么厚。而倒行逆施的恶势力却没有估计自己究竟能够存在几天：不，只要"一朝权在手，还把令来施"的。于是为泄愤起见，把请愿学生认作"暴徒"，把许先生等50名"暴徒首领"要下令通缉。这时许先生久经失业，女师大又是义务职任，哪里有大批钱来逃难呢？幸而齐寿山先生和德国医院里的人有些熟识，介绍许先生和鲁迅先生一同躲在空院子尽头的一间久已废置的面包房里，坐卧都在水门汀地上，除了自备热水壶，否则连茶水也不方便。这样的磨难生活，断续经过了好几次，许先生的年龄，也似陡然地增加了好几岁。

（选自《我所敬的许寿裳先生》，载于《回忆许寿裳》，浙江省政协文史资料委员会、绍兴市政协文史资料委员会编，中国文史出版社 2018 年版，题目为编者加。作者写于 1948 年 2 月）

兄弟怡怡之情

景 宋

第二回重见许先生，那是在广州，乃民国 16 年鲁迅先生约来中山大学共事的。那时许先生似乎担任教国文，自编讲义，有时叫我到图书馆借些参考书，由我代抄。后来他们租了广九车站的白云楼，除了厨房，女工住房，饭厅兼会客厅之外，我们每人有一间房子，但鲁迅先生首先挑选那个比较大而风凉朝南的给许先生住，宁可自己整天在朝西的窗下书写。我是以做他们的翻译兼管理女工的差事而也一起住在白云楼的。

许先生在教课完了或不教课的时候，可以静静地有一间房休息，不似在钟楼上整天被人声嘈吵了。他这时就爱早睡早起。我们共同作愉快的谈天的时候，多是两餐之后，面前每人有一个杧果或杨桃，后来是荔枝等，边谈边吃，大家都丝毫没有拘束。这样子，从春天到 4 月，生活刚刚有些规律的时候，清党事起，学生很多被捕，有主张营救的，亦未能通过。继着鲁迅先生的辞职之后，许先生也决不游移，跟着辞职。到了暑假，许先生就离开广州了，前后不过一个星期。在广州，最大的游散之地是小北，我们也去消遣。更便当而爱好的是上茶馆饮茶，而许先生所满意的是广州某些茶馆饭店建筑精致和用具清洁。尤其有鲁迅先生时常在旁相契以心、相知有素的深厚友情，以及投机的谈吐。如果没有这，相信许先生不会留得住的。

和许先生见面更多的时候是在上海。每逢回家路过，来回之间，必定抽出时间来看看我们，盘桓一半天。而且每次来不是带些土产食物，就是带些上好的玩具给孩子，因此小孩对许先生的印象也很深刻。因为最敏感地窥测出谁是爱他的，莫过于儿童的天真时代了。

因为有一半天的耽搁，才可以把彼此多时不见的别后离情倾诉，无论多么忙碌，许先生不大肯取消这似乎是特地留起的时间的。即或不及多谈，也大有依依不舍，兄弟怡怡之情，满面流露，且必须解释一番，再订后会。而鲁迅先生无论工作多么忙，看到许先生来，也必放下，好像把话匣子打开，滔滔不绝，间以开怀大笑，旁观者亦觉其惬意无穷的了。在谈话之间，许先生方面，因所处的环境比较平稳，没什么起伏，往往几句话就说完了。而鲁迅先生却是倾吐的，像水闸，打开了，一时收不住；又像汽水，塞去了，无法止得住；更像是久居山林了，忽然遇到可以谈话的人，就不由自己似的。在许先生的同情、慰安、正义的共鸣之下，鲁迅先生不管是受多大的创伤，得到许先生的谈话之后，像波涛汹涌的海洋的心境，忽然平静宁帖起来了。许先生对鲁迅先生的意见，经常也是认可，接受，很少听到反驳的。

他们谈话的范围也很广泛，从新书介绍到古籍研讨，从欧美名著以及东洋近作，无不包罗。而彼此人事的接触，见闻的交换，可歌可泣，可喜可怒，都无不遮瞒，尽量倾吐。这样的友谊，从来没有改变的，真算得是耐久的朋友，在鲁迅先生的交游中，如此长久相处的，恐怕只有许先生一位了。

许先生的起居饮食都比较爱讲卫生。对于食，更其留心清洁，每逢他来，我们都特别小心，尽可能预备些新鲜食品。只有一回，住在广州中山大学大钟楼的时候，他买的点心，一不留意，引来许多贪食的蚂蚁，被他见到了，先想丢弃，又舍不得，重新拾起，抖去蚂蚁，仍旧自吃。那时许先生薪水并不高，又是小洋，要换成大洋寄去养家小，至少要打八折，不得不省食俭用。鲁迅先生也了解他，说是如果在别的时候，他马上不要了。因为食用品都是买头号货，自用如此，送人也如此，家中人口又多，许先生的负担原来就不轻的。平时就算对付过去了，身后必然萧条。而凶手还说是谋财害命，真个叫作天晓得了。

（选自《我所敬的许寿裳先生》，载于《回忆许寿裳》，浙江省政协文史资料委员会、绍兴市政协文史资料委员会编，中国文史出版社2018年版，题目为编者加）

今晚一定要创作了

孙伏园

　　许先生的性情朴厚端笃，少所交游，少所发抒，也许因此不大适宜于做文艺创作家，而更适宜于做学术研究者与教育家。在东京求学时代，鲁迅先生兄弟与许先生同居一处，许先生于学术研究之余，亦颇有志于创作。一夕，他对鲁迅先生说，今晚一定要创作了。鲁迅先生见他亲自到西洋料理店去买了点心来，而且亲自准备咖啡，鲁迅先生兄弟相约不要去扰乱他。等到夜深人静，鲁迅先生自己将要睡觉的时候，偷偷地去窥探他的创作已经有了多少。出人意料，鲁迅先生说，"西洋点心只吃了一块，咖啡已经冷了，季黻靠在桌上睡着了，而稿纸还是空白的"。许先生一生很少写文艺创作，而关于学术研究的议论文字或记叙文字却都写得头头是道的。

　　鲁迅先生的同辈朋友，在教育部的十余年同事中，以许先生与齐寿山先生两位的友谊为最厚。道义以外，学术的切磋上，关系也以两位为最密。齐寿山先生通德文，许先生通英文，所以关于英德文的东西，两位常常是鲁迅先生的唯一的或者最后的顾问。

　　民国初元，我和许先生还不大熟。因为报上需要学术论文，偶然与鲁迅先生谈及。鲁迅先生说："你可以请季黻写点文章。"我便托鲁迅先生转请。许先生便随时将文字十分精丽、字迹十分挺秀的稿件，亲自交付给我。内容大抵是介绍一位英美的心理学家或教育家。登载以后，我表示这类稿件十分需要，请许先生再写。许先生总是慢吞吞地说："那也，那也，不过是，不过是，介绍一位没有人介绍过的人而已。"他总是如此谦逊而谨严的。

（选自《许寿裳先生》，载于《回忆许寿裳》，浙江省政协文史资料委员会、绍兴市政协文史资料委员会编，中国文史出版社2018年版，题目为编者加）

有一点绅士态度

孙伏园

　　许先生的日常生活，大抵受西方影响很深。我想这或者因为他在东京高师时代，正当日本接受西方文化的初期。初次创作必须佐以西洋茶点便是一例。曾任许先生的秘书多年的徐世度先生和我说，每隔一二星期，他总要奉陪许先生吃一回西餐。星期天常常"嘭嘭"地去敲徐先生的门："苏甘兄，今天有事没有？我请你吃西餐去。"许先生别无嗜好，如果有，只是每隔一二星期吃一回西餐或西洋茶点而已。

　　每天修脸的习惯，近年在中国也相当普遍了，但在许先生的 [同辈] [1] 中，有这种西方习惯的还是很少，连鲁迅先生都不大 [讲究]。鲁迅先生写《大衍发微》的时候，谣传有 50 人要遭北京政府的陷害，许先生与鲁迅先生同在东交民巷租了一间破 [旧] 的屋顶暂避，我因为每天有工作，无暇去探视他们。过了几天，风声渐息，他们无事了。鲁迅先生对我叙述他们的逃亡生活，其中一段涉及许先生："季黻真妙，第二天早上忽然不见了，我四处一找，原来他在廊下，披起白布围巾，对着镜子剃胡子。我心中暗笑：性命都要不保了，剃胡子还这样紧要！"我说这大概是西方较为优越的生活习惯。听说欧战的时候，美国兵在战壕里面，也每天刮胡子，连欧洲本地人也没有

---

[1]　标有"[ ]"者，因原稿字迹漫漶，难以辨认，现为编者拟加。下同。

这样讲究。

　　许先生的家庭环境，比鲁迅先生略为优越，所以经济上的苦痛较少，可以安心读书。鲁迅先生有一天谈起他们在东京的学生生活："我平时总着和服，既便宜，又自由。季黻却老早就定做了当时最流行的［鼻］烟色呢质的西服。"许先生多少有一点绅士态度，大抵由于幼年的好教育与好环境。本来西洋的所谓绅士态度有好坏两个含义，绅士态度的好的一方面的含义许先生是大抵具有的。

　　（选自《许寿裳先生》，载于《回忆许寿裳》，浙江省政协文史资料委员会、绍兴市政协文史资料委员会编，中国文史出版社2018年版，题目为编者加）

我们不要忘记人民

许世玮[*]

　　1926 年下半年，父亲和鲁迅等 40 人被北洋军阀政府通缉，于是举家南返。定居在浙江嘉兴，此后父亲一人奔波在外。我 1928 年出生的时候，他在蔡元培主持的大学院任秘书长，后大学院改为中央研究院，他留在那儿当干事和文需处主任，很少回家。1934 年他受聘到北平大学女子文理学院任院长，每年寒假才回家。抗日战争爆发后，他立即返校，随校西迁，此后又经陕入川。我母亲带着姐姐和我逃难到上海，在八年抗战中与父亲几乎音讯断绝。记得大概是 1939 年，我姐姐上初中我还在小学读书的时候，收到父亲从陕西城固寄来的一封信，把我姐姐写给他的家信寄回来了。他把信上的错字、用字不当和词不达意的地方仔细改了一遍，并指出应该怎么用词，等等，这件事给我印象极深，了解到父亲是个对事认真、要求严格的人。

　　1946 年初夏，父亲从重庆回到上海和家人团聚。他见了我很高兴，笑着说："真是'乡音无改鬓毛衰，儿童相见不相识'了。"他对我们说，南京的政治空气对他不合适，所以接受了台湾省行政长官陈仪之邀，到台湾去任编译馆馆长（陈仪和鲁迅、我父亲在日本留学时同学）。他知道我中学已毕业，以后学什么还拿不定主意。他劝我还是学一门自然科学，并建议我跟他

---

[*]　许世玮：许寿裳之女。

到台湾上大学。6月他仅一人先到台北，其后我和大哥许世瑛也去了台湾。我考入台湾大学农业化学系。这样在他生命的最后岁月，我得以跟随在他的身边。

当时的台湾刚从日本人手中收回，一切尚处于草创时期。编译馆中事无巨细，他都亲自擘划。为了迅速发展台湾文化教育事业，他还延聘不少学者到台工作。

在他筹划下，编译馆分教材编辑、社会读物、名著翻译与台湾研究四组。分别请程璟、邹谦、李霁野、杨云萍负责。他认为最要紧的是编一套中小学教科书以及教员参考书，因为大陆出版的教科书不适合于刚刚光复的台湾。他计划这套书在一年内完成，他对编译人员说："我们的编译研究工作，要适合时代潮流，要有进步观念和民主思想，不能落后倒退，甚至违反人民的利益。我们不要忘记人民。"

当时台湾人不会讲普通话，知识分子都用日语交谈。父亲是推行普通话运动的积极分子之一，并亲自撰写了《怎样学习国语和国文》一书，书中比较了中文与日文语法的不同，力求适合原来学日语的台湾青年的需要。

父亲当时除了要我跟他一起到台湾外，还竭力鼓励我哥哥许世瑛到台湾师范学院执教。许世瑛曾拜鲁迅为启蒙老师，在他进清华大学中文系学习时，鲁迅为他开了一张有名的书单。他毕业于清华研究院，是我国著名语言学家王力的学生。他以后一直在台湾各大学讲授文字学。他所著《中国文法讲话》一书到1977年已再版13次，很受欢迎。哥哥可算是继承父业，为台湾人民培养了不少专门人才，为中国文字学研究做出了贡献。

（选自《忆先父许寿裳》，载于《回忆许寿裳》，浙江省政协文史资料委员会、绍兴市政协文史资料委员会编，中国文史出版社2018年版，题目为编者加）

拥有鲁迅、蔡元培这样的知己

许世玮

父亲所以到台湾，一个重要原因是认为当时台湾是个比较安定的地方，希望能实现他的夙愿，完成《鲁迅传》和《蔡元培传》的写作。他虽写过不少关于鲁迅的文章，并在台湾完成了《亡友鲁迅印象记》，但始终觉得"言犹未尽"；关于《蔡元培传》，在抗战时就已注意搜集资料了。

他一生与鲁迅、蔡元培关系最深，章太炎则是他敬仰的老师。在台时他曾对我说过："回顾过去，有鲁迅、蔡元培这样的知己，真是值得自豪的了，一生总算没有白过。"对于中国近代文化教育界这三位杰出人物，他是衷心敬佩，极力维护的。记得在台湾时，谢似颜老师（曾任北平女子文理学院体育系主任）说过一段趣事：在女子文理学院时，有一次谢和朋友聊天，说到章太炎晚节不大好的话，忽听到我父亲的脚步声从门外传来，他的朋友立即使眼色，让谢赶快从后门溜走。事后那位朋友还笑说："真险呀！他老先生所佩服的师友，如果有人批评，他是要拼命的，尤其是章太炎、蔡元培和鲁迅。"谢还说因为这件事，他有意回避我父亲，半个月不敢见面。

父亲认为向全国人民宣传鲁迅的战斗精神是他义不容辞的责任。经过八年抗战，生灵涂炭，国力耗尽，好容易盼到胜利，没想到国民党又发动内战，镇压民主运动，闻一多、李公朴先后被害，使他非常悲愤，他到台湾后不久写的《鲁迅的精神》一文中，一开头就引用鲁迅的话："血债必须用同物偿还。""他要反抗，他要复仇。"而且强调鲁迅的精神就是："为大众而战，是有计划的韧战，一口咬住不放的。"就是要"除恶务尽"，这是有感而发的。

父亲热爱台湾人民，向他们宣扬鲁迅的战斗精神，希望台湾人民从鲁迅创作中吸取精神力量。他在台湾写的《鲁迅和青年》一文中说："本省台湾在没有光复以前，鲁迅也和海内的革命志士一样，对于台湾，尤其是对于台湾的青年从不忘怀的，他赞美他们的赞助中国革命，自然也渴望着台湾的革命。"

像这样一些揭发黑暗、号召战斗的文章，他还写过好几篇，他很珍视从香港寄给他的进步刊物，收到后必仔细阅读，而且还叫我也好好看看。他认为对当前社会的黑暗腐败不能闭口不言，所以他在平日言谈中更表露出对国民党反动派的不满，文章写得更尖锐，这就为反动派所忌恨。

当他在《台湾文化》上发表了第一篇关于鲁迅的文章时，就有反动文人化名写文骂他，说他不该因为和鲁迅有私交而乱捧鲁迅，鲁迅没有什么了不起，不过会骂人、会写点小说而已。父亲对我说："这种人太卑鄙了，我置之不理，如果理他们，反而抬高了他们的身价。"在这以后，他又在《台湾文化》上发表了几篇宣扬鲁迅精神的文章，而且他的《鲁迅的思想与生活》一书在台湾出版了，这就使反动派更为忌恨。父亲对朋友们说："最近那些人更卑鄙了，听说在一个刊物上造我儿女的谣言，说些下流无根据的话，想用这种方法来伤害我。我更置之不理，连看也不看！"

他在家中常和我谈鲁迅，他很喜欢鲁迅那首"惯于长夜过春时"的诗，曾详细给我讲解，讲时满含对反动派的愤怒情绪，他还对我说："今日中国是极需要发扬鲁迅韧性战斗的精神的，反动派多方诬蔑歪曲鲁迅的人格，想动摇广大青年对鲁迅的信仰，是极其卑劣的手段。"他告诉我：《亡友鲁迅印象记》中某些段落是骂反动派的，他的同事曾好心地劝他删去，他对他们说："这怎能删去？一删的话，意义全失，我年纪这样大了，怕什么？"

(选自《忆先父许寿裳》，载于《回忆许寿裳》，浙江省政协文史资料委员会、绍兴市政协文史资料委员会编，中国文史出版社2018年版，题目为编者加)

妻子流离，相隔万里

许世玮

1937 年 6 月底，父亲回嘉兴度暑假。这一年外祖母在庐山买下一幢别墅，邀我家一起去避暑。父亲没有到过庐山，不愿错过这次机会。嘉兴家中忙于准备这次远行，人人都兴高采烈。正在这时七七事变爆发了。父亲立即打电报给留在北平的女院秘书戴静山先生，指示应变事宜。但那时还预见不到卢沟桥枪声是长期抗战的开始，以为战火是局部的，不久会熄灭，所以仍按原计划上庐山，去的人有外祖母、大舅舅、二舅妈、四姨母以及我家五个人。外祖母买下的房子在牯岭 236 号，取名"养树山房"，用的是陶模任陕甘总督时的印名。房子背枕牯岭，面临斜坡，山溪自上而下，绕于屋右。阳台很宽敞，可憩可眺。房屋前后有一亩多的空地，草木丛生。大门前有两棵大松树，掩盖有致。房子虽已较旧，作为避暑之用还是很不错的。但因刚刚买下，还来不及布置装饰，屋内只有几件家具，去了一大帮人，睡床不够，只能打地铺。我是生平第一次出远门旅游，兴奋之情可以想见。无忧无虑，跟着大人们出外游览。大人们不出门，我便在屋旁的山涧中玩水。而大人们就不然了，虽然身在庐山，总记挂着战事局势。父亲日记上记载 7 月 28 日那一晚，和友人经亨颐先生在天禄斋共餐，举杯庆祝我军克服丰台、廊坊的胜利。不料就在那一天的夜里，北平形势突变，沙河保安队竟附敌，宋哲元率部赴保定，平津就这样沦陷了。父亲感到形势严重，战事不仅不会很快结束，而且有扩大成全面抗战之势，心里非常着急。他一是挂念学校的前途和师生的安危；二是嘉兴地处沪杭要道，很不安全，要为家庭找个避难之地。

父亲正在思虑之时，"八一三"日军进攻上海。父亲就在这一天的早晨独自下山。到了九江得知当天没有下行船，而浙赣路也因前几天的大风雨涨水而冲坏了部分路轨，只能分段买票，并且当天去南昌也已赶不上火车了，干脆在九江留了一夜。次日到南昌，靠老朋友、省教育厅长程柏庐的帮忙，上了火车。而车上竟无餐车，沿途也购不到食物，旅客只好饿着肚子。父亲靠着在九江买的一盒饼干，度过了这段不平静的旅程。

8月15日晚上7时，火车到达钱塘江边。父亲下车后发现既无公共汽车，也雇不到小汽车，只好在附近找一家小旅店住宿一晚。旅馆实在太脏了，臭虫满铺，无法躺下休息，只能坐着以待天明。次日天还没亮，父亲就漱洗好了。因仍无公共汽车，他只好坐人力车到西兴，然后从俞小八房雇一小舟去绍兴。晨7时开船，下午2点多钟才到达。父亲这次匆匆下山直接到绍兴，是考虑如果战火迫近嘉兴，得找一个地方使家眷可以暂避。我的大姑母嫁给漓渚张家，其时姑母姑丈已去世。张家是漓渚大户，他外甥张晓凡是当地有名的乡绅，所以父亲先不回老家而是去漓渚与张晓凡商议借房的事，一说来意便谈妥了。次日他又赶赴赵家畈老家，看望了二伯父仲南公，刚好三姑母也赶来娘家，他们兄妹三人得以在战乱之际相聚片刻，真是忧喜交集。父亲在老家过了一夜，次晨便告别兄姐回嘉兴。

其时，陶家和我家的人都在外面，嘉兴寓中只留仆人看守。父亲回去后独自守了半个月，眼看战事对我方越来越不利，而山上的家人又迟迟不下山，父亲感到这样下去不是办法。所以他于9月3日再度离嘉兴赴南京。5日乘轮复到九江，8日再上牯岭，告诉我们他下山后的所见所闻，劝外婆立即下山。外婆便让大舅舅暂留山上照看房子，其他女眷在父亲带领下于13日下山。其时长江水路已无法到达上海，决定走浙赣路。父亲找朋友弄到一辆汽车。我记得在赣江岸边，车船很拥挤，等了很久才得以过江，到达南昌火车站。

上了火车后，我们非常惊讶，整节整节车厢都是空的，简直没有见到别的乘客。我不免问这是怎么回事，大人告诉我，现在人们都是往西走，逃避战乱，不会有什么人朝东走。火车上服务相当好，所供应的火腿蛋炒饭很好吃。到达杭州附近，就听到警报声，我记得我们还从车上跳下去，躲在竹林中，只是飞机并没有来。

回到嘉兴家中，日寇飞机常来骚扰，家里还挖了防空洞，整日提心吊胆。父亲劝外婆和母亲赶快到绍兴暂避。这样又拖了半个月，外婆决定走了。父亲打头阵，于9月25日带上部分箱物，携我二姐世瑛，再次到漓渚张家，具体安顿住所，然后立即返回嘉兴。父亲这次离绍，永远告别了稽山镜水，他所热爱的故乡。

父亲回到嘉兴，松了一口气，觉得尽到了自己对家庭的责任，可以奔赴他的工作岗位了。那时北平大学、北平师范大学、天津北洋工学院奉教育部令，在西安合并成立西北临时大学。徐诵明先生已来电邀父亲前往。他把自己的东西清理一下，只带一只皮箱，内放几件日用衣服和一本日记。他看到书桌抽屉中有鲁迅的四封信函，便随手放入箱中。10月4日他陪侍外婆，带上我三姐世场到达杭州，其时，张晓凡已派人到杭州来接。父亲觉得一切已安排妥当，便于次日从杭州赴南京，北平女院的佘坤珊教授同行。7日晨渡江由津浦路再转陇海路西行。9日晨抵达西安。父亲和我们家人告别时，谁也无法料到竟然一别八年，前面将是漫长而又艰难的抗战岁月。

外婆走后又过了几天，留在嘉兴的其余人也启行了，只留下两位老佣人看家。我虽然是绍兴人，却没有踏上过故乡的土地。这次逃难才有机会。记得先在城里住了一夜，次日雇了一只乌篷船摇到漓渚，那"吱呀吱呀"的摇橹声至今还仿佛余音在耳。乡间水道纵横，出门便是稻田。在城里哪能看到这样的景致，所以我觉得非常新奇，而且附近便是丘陵地，有山鸡等野味，真有点桃源乐趣，但战争的阴云也笼罩到这个偏僻的地方来了。有一天附近忽然落下一枚小炸弹，我们赶快跑去看，弹坑很小也很浅。大家议论纷纷，认为可能是不慎掉下来的。但不管是怎么回事，它提醒我们战火逼近，这里也不是避难之地。11月18日嘉兴沦于敌手。我们在绍兴住了一个多月，又离开故乡赴宁波，乘海轮来到那时所谓的孤岛——上海租界，定居下来。半年之后，得悉嘉兴陶家在报忠埭的祖居和南门大街外婆所租之屋全部焚毁，我家的书物也都成为灰烬。

我们蛰居上海，非常想念父亲，他一人在外怎么生活的？工作是否顺利？初期信件往来速度还算正常，后来随着沦陷的地方越来越多，书信只能辗转投递，往往一二个月才能收到，到后来则是数月才侥幸收到一封。在战火纷飞的年代，家信都写得很简短，我们只知道父亲先在城固，其后到达四川，转了几个地方，最后在考试院考选委员会工作，直至抗战胜利。近来看到父亲的日记，才知道他当时的一些情况。1940 年 9 月 26 日，父亲在成都，时值中秋，他写道："近年来南北东西，不遑宁处。民二五此夕在北平。二六在嘉兴，时正为安顿眷属，收拾行装，终日碌碌，对月黯然。数日后即冒险赴西安。二七在城固。二八在岷江舟中，同行八人，泊傅家场，不久飞滇。今年在此，极感萧寥，妻子流离，相隔万里，在蓉者唯瑛儿一人而已。"短短数语，父亲那时的心情已跃然纸上了。

（选自《父亲许寿裳生活杂忆》，载于《回忆许寿裳》，浙江省政协文史资料委员会、绍兴市政协文史资料委员会编，中国文史出版社 2018 年版，题目为编者加）

待鲁瑞太夫人如生母

沈家骏*

先生待鲁瑞太夫人如生母，太夫人也视同己出。1982年我与俞芳二姐闲谈，也谈到先生与太夫人的往事。俞二姐说："许先生砖塔胡同经常去的，与老太太（鲁瑞太夫人）聊天。我也见过许先生多次，即使有时候鲁迅先生不在家，许先生也要到老太太房内相见，闲谈一阵辞别。那时候我们见到许先生等长辈来了，我们小孩总是自觉地到外边院子里去玩。当鲁迅先生不在时，老太太有什么事都要我和许先生商量，即使事后的情况也要推心置腹地和许先生谈个仔细。有时有什么特殊的事情，或重要的事情，也要通知许先生来砖塔胡同，许先生对于老太太的嘱托，也是唯命是从，尽力办好托付的事。老太太总不止一次地和我们姐妹讲：'许先生是鲁迅先生的好朋友，情谊如同亲兄弟一样。'当时我们人还小，但听了至今还有很深的印象。"接着俞二姐沉痛而感慨地说："当许先生在台湾惨遭杀害，我得知后很震惊，感到这样的好人，死于非命，是很大的不幸。"

先生素来尊长爱幼。举个例子，1933年铭伯先生的夫人范漱卿老太太，

---

* 沈家骏（1922—1997），又名加钧，字无邪，浙江绍兴人，两位姑母淑晖、慈晖为许寿裳的元配、继配夫人。教育工作者，浙江省首批鲁迅研究学会会员，绍兴市文联成员。他收藏有鲁迅、许寿裳、蔡元培、章太炎、钱玄同、邹容等一大批民国大师的亲笔书札、手迹等珍贵文物，后无偿捐赠给国家。

我们称呼大伯母。时世璿兄侍母住于南京荷叶巷4号,例假先生来访,进门首先进入大伯母房内,笑容可掬地叫一声"大嫂",然后闲话家常。于兄弟尤为肫笃,例假仲南伯也来欢聚,先生一见面即呼"二哥",再问起居诸事,洋溢着手足深情。由于先生的榜样在先,影响了子侄辈、孙辈,对于长辈都极尽孝道,一堂怡怡,内外无间,可以说是继承了我们民族的传统美德。

(选自《许寿裳先生杂忆》,载于《回忆许寿裳》,浙江省政协文史资料委员会、绍兴市政协文史资料委员会编,中国文史出版社2018年版,题目为编者加)

我去绑季茀的票

李霁野 *

1925 年夏天，我想将所译的《上古的人》（Henry Van Loon：Ancient Man）卖给上海一家书店出版，我恐怕有几处误解了原文的意义，想请人指教，将我的译文校改校改，鲁迅先生便说："我去绑季茀的票！"因为那时止是炎夏，校稿确是一件苦差事。我就这样不规矩地拜了师，得到先生的教益。这部书早已绝版，我记得在北平存有一册，我的弟弟找出寄来不多日，先生便逝世了，所以未能谈起旧事博得一笑，只好在这里表示我的感谢了。

我在天津做事的年数多，所以少有亲聆教诲的机会。不过他的谦和真挚的态度，给我很好很深的印象，一见就很难忘记。倒是鲁迅先生的谈话，使我对季茀先生增加不少侧面的认识。鲁迅先生多次说过："季茀是好人，不过容易吃别人的亏。"我当初很惊异，以后我知道这观察是很正确的。他的心里没有什么邪恶的念头，所以他就想不到人间有什么邪恶，吃亏是当然。难得的是他的赤子之心一点不因此丧失。难得的是他不因此减少对人的热诚。

季茀先生和鲁迅先生的友谊，已经成为士林的佳话，用不着在这里多

---

* 李霁野（1904—1997），安徽霍丘人。鲁迅的学生。现代著名翻译家。1927 年肄业于燕京大学中文系。新中国成立后，任南开大学外语系主任、天津市文化局局长、天津市文联主席，当选全国政协委员。译著有《简爱》《被侮辱和被损害的》等。

说。1930 年前后是不甚吉利的年头，好些人都不大敢提起鲁迅先生的名字。1931 年 1 月，各处盛传鲁迅先生被捕被害的消息，很难得到确讯，所以我便写信向季茀先生打听究竟。当时对于这类事件大家都保守死样的沉默，因为稍一不慎，就会天外祸飞来的。可是季茀先生很快地就给我写来回信，说是鲁迅先生已经"转地疗养"，并且有信给他了。这当然就是《亡友鲁迅印象记》中所刊署名"令斐"的短简了。这部书证明季茀先生在友谊方面是忠实勇敢的。

这几年中因嫌被捕入狱的人颇多，1932 年我的一位朋友也被牵连了。大家都是谈虎色变，季茀先生却是热心帮忙的。他提到蔡孑民先生，说他虽然常受警告和威吓，却依然肯说话，于是便写了绍介信，交给我去找蔡先生。我见到蔡孑民先生只有这一次，觉得他是可敬又可亲的（季茀先生的态度很有和蔡先生相像的地方，到台湾后有人说起这相似，我很有同感）。蔡先生立刻就写信绍介我去找可以为力的人，虽然没有发生什么效力，对于两位先生在险恶的环境中勇于救人的义气，我心里永远钦佩感谢。1929 年我译了《被侮辱与损害的》，没有地方出版，也经季茀先生转托蔡先生卖给商务印书馆，解决了我一个很大的困难。

（选自《许季茀先生纪念》，载于《回忆许寿裳》，浙江省政协文史资料委员会、绍兴市政协文史资料委员会编，中国文史出版社 2018 年版，题目为编者加）

许先生是一个老少年

袁珂*

1940 年秋，我因事故，从四川大学转学到华西大学，那时恰巧许师任该校教部特约中英庚款文化讲座，主讲"小说史"和"传记研究"。我因崇仰鲁迅先生的缘故，于和鲁迅先生有 30 年交谊而思想性行都相近的许师，亦早景慕已久，又兼这两门功课，都使我发生兴趣，所以一齐选了下来。和我同选这两门功课的，尚有也是因事故从川大转学到华大的我的好友襟仲明君。

上"小说史"的第一课，怀着几分欢喜不安的心情，等候许师走进教室。——其实用"等候"两个字，不免是稍有语病的，因为随着上课铃声响动，呀然教室门开，守时间的许师，已经挟着白布书包，笑容可掬地走了进来。

七八年前的许师，精神比近一两年尤佳，头发胡子虽是白了，脸孔的颜色却红润而富有生气，于慈祥和蔼中带着威严，可亲而不可犯。

"小说史"大体依照鲁迅先生的《中国小说史略》讲授，另加补充；"传记研究"则系许师自编讲义；两门功课都同样表现了许师的博识与精见，启迪我的脑臆不少。

---

* 袁圣时（1916—2001），笔名袁珂，作家、神话学家，四川新繁人，1941 年毕业于成都华西大学中文系。他把神话传说当成学问来研究，是建立中国神话学的主要学者，著有《中国古代神话》《中国神话传说》《古神话选释》《神话论文集》等。

向称顽劣的我，在过去十多年的学校生活中，可说是从没有好好听过一点钟课，童骏无知时代不要去管它了，便在长大成年，由中学步入大学时代，也总是把学校当作旅馆，课堂看成驿站，师长们的耳提面命和传道授业并没有当它作一回事。然而一进许师的课堂，却奇迹般地，我的全部心魂都紧紧被许师摄住，先前的坏学生忽然变成好学生了。

我开始把身体坐得直直的，目不转睛地用心听讲，并且开始写第一本完整的笔记……

许师常穿一件旧蓝布长袍，拄藤手棍，风快地行走在校园道上，其精神之佳，我辈中亦罕与伦比者。尝在一文中戏拟为"打鸟的安特生"，许师后来见了亦深为莞尔。

不但走路，便在课堂上许师也表现了同样充沛的精神。他不像我们有些老先生那么慢腾腾地，衔着一管长烟杆，泡了碗盖碗茶，四平八稳地坐在藤圈椅内，说一句话吐一口痰的怪现状。不，他一点这类"名士派"的习气也没有，诚如某先生所说：许先生是一个老少年。

我颇爱听课堂上许师绍兴腔的国语，觉得很是亲切。许师援古证今，指中例外，博奥渊雅，滔滔不绝，十分引人入胜，不是抱残守缺的所谓"老师宿儒"所能比拟的。口讲之不足，还继以手的指画和足的腾蹈。记得在《鲁迅全集》某卷，曾见有一幅许师和鲁迅先生几个人在日本东京合照的相片，许师身穿学生制服，两襟微敞，翘首而立，意态轩昂，和眼前许师的形貌也大致差不多；不同的只是眼前许师的嘴唇上多了两片好像是胶粘上去的白胡子罢了。

（选自《悼忆许寿裳师》，载于《回忆许寿裳》，浙江省政协文史资料委员会、绍兴市政协文史资料委员会编，中国文史出版社 2018 年版，题目为编者加）

灯塔显得茕独无依

袁珂

在那外侮与内争并烈的年代，无声的中国有的只是"随从我来"的声音，憧憬的明光尚在半天云雾，"你往何处去"的暗询随时在心扉升起，青年没法不苦闷。许师是一座进步与自由的灯塔，使在暗夜海上的船舶有所归往，不致沦没于风涛。他给我们精神上的慰安和鼓舞似乎倒比课业的传授更多。

然而夜的漆黑未免太黑了，灯塔在海滨竟也显得那么茕独无依。选许师课的同学并不多，"小说史"有五六人，"传记研究"只有我和我的朋友禚君，外加一个偶来旁听的某女士，如斯而已。在我们这里，守旧与维新之间，鸿沟天然，一时竟无法填平打通。

使我最难忘怀的，是许师辛苦编成的"传记研究"讲义，只为了两个不肖的学生。但是许师却丝毫不苟，每上课前一定要在图书馆里钩稽群籍，作充分的准备。我因写毕业论文，每到图书馆楼上查书，从楼栏上望下去，总常见许师斑白的头，伏在黑漆的写字台上，用心在十行纸上撰写讲稿。有时拿起一卷书来，眯了一只眼，睁大另一只眼，仔细察看书上的字迹。这真使我感动。因此我在空落的课堂上，恨不能化身千百，来接受许师道业的传授。

偏偏事有凑巧，有一回在"传记研究"的课堂上，朋友禚因病请假，旁听女士未来，不算小的课堂里，我坐在最前排的最当中。笑容可掬的许师照例准时夹着书包开门进来了，一进门就高兴地开口说："各位……"及至看清楚教室里只有我一个人，又才改口说："密司脱袁……"这时我心里实在难受极了，我真羞于把这种凄凉的景象呈现在我最敬爱的师长之前，而许师却从容一如平时，干脆不去写黑板了，而把他写好的讲义，放在我的课桌上，亲身站在我面前，认真讲课直到下课铃声叮当叮当地响起来。

我的毕业论文《中国小说名著四种研究》，是在许师的指导下完成的。草稿交上去，许师仔细看了一过，大为嘉许，予评语曰："将五百年流行于世之白话文文学四种，提高眼光，纵横研究，叙述扼要，论断得当，足征好学覃思，确有心得。惟谓《红楼梦》全书出自一手，此处尚有可商。余多精彩，洵佳构也。"给了评分95分。这篇论文中的两部分：《中西小说之比较》和《〈红楼梦〉研究》，后来分别发表在1947年和1948年的《东方杂志》上。

许师的评语使我感奋。草稿上的错字及点画未真的字均蒙许师细心剔出，谍正于纸端，如列兵似的站着，又如小学生作文簿上的光景，尤其令一向赋性粗疏的我惭感难忘，这以后命笔属文时自然就小心多了。

我从华西大学毕业未久，许师也终因受不住旧势力的排挤，离开了那繁华热闹的地方，到重庆歌乐山考试院去度了几年半隐遁的生涯。这几年中，虽是音讯中断，然而许师的影像总是常存脑膜。它督我自新，催我振奋，在漂流无定的教师生涯中，社会的污暗尚不至沦我于不拔，许师精神感召的力量是宏深的。

（选自《悼忆许寿裳师》，载于《回忆许寿裳》，浙江省政协文史资料委员会、绍兴市政协文史资料委员会编，中国文史出版社2018年版，题目为编者加）

一官白头，飘零海外

袁珂

抗战胜利后我到重庆，又在歌乐山欣晤到我所崇钦的先生了。他身体犹健，风貌如昔。其时我正和青年友人们在沙坪坝办了一个名为《文化新报》的小报，每周一期，以"重科学、争民主、求进步"为宗旨，配合当时国共两党的和谈运动。承许师惠赐鸿文和题写刊头，给我们支援奖掖很大。报纸主要成员是当时中央大学的学生，后来中大复员南京，加上经费筹措困难，这个周刊便不得不像其他文化刊物一样短命夭折了。

1946年夏许师应陈仪聘（他们是日本东京留学时的同学）到台湾主持编译馆事，抵台不久，即函召我去那边工作。我怀着希望和欢喜无限的心情，于7月初启程，从流东下，路上几经障阻，8月底始到达台北。那时编译馆人才极盛，有李霁野、李何林、杨云萍、谢似颜等诸先生，真是众星璀璨。方展宏图，不料中经"二二八"事变，政府改组，编译馆遂告撤销，一切希望和欢喜都付诸泡影了。原来计划编写的有较新观点能适合本省需要的中小学教材于是只能半途而废，成为一堆废纸。仅有一套由许先生主编的《光复文库》，约二三十种，后来终于由台湾书店印行，和读者见了面。我的几篇讽刺童话，也以《龙门童话集》为书名，由李何林先生审稿，列为其中的一种。

当刚宣布政府改组，陈仪离职，由魏道明继任省主席，还未宣布编译馆撤销的时候，5月中旬，魏主席来台履新，各机关职员都去机场迎接。许馆长也率领了本馆编辑以上的职员乘车到机场去。机场跑道两旁早已密匝匝地排列了迎逆的长队。看见许先生头戴白色草帽，手持黑布阳伞，带着有些勉强的笑容鹄候道旁的情景，使我心里不由产生了"一官白头，飘零海外"的苦涩难受的感觉。

魏主席是迎接来了，可是来台第三天就宣布了编译馆撤销，未了的工作由省教育厅接办。消息来得太突然，使百多人的编译馆同事落入不知所措的状态。后来大家分析，不外有以下三个原因：一是许师是鲁迅先生30年的老友，思想有"左"倾嫌疑，所邀来馆工作的职员，含"左"倾进步色彩的，也不乏其人，如李何林、李霁野等；二是所编教本或读物，不合官方口味，亦有"左"倾嫌疑；三是"二二八"事变后，本馆有张、刘两位同事以共产党嫌疑被捕（说他们是事变的策划者），许馆长知其无辜，亲自坐车去将他们从警备司令部保释出来。

编译馆撤销后，许师随即就任台湾大学中文系主任，两位李先生也随同去了。那里已有多人，工作难于安排，我仍留在编译馆后身的教育厅编审委员会供职。这里其实是个善后性质的闲散机关，整天没有多少要紧的事情可做。我就常到省图书馆去借些杂书来观览，读了《山海经》《古史辨》和《诸子集成》之类二三十部书，渐对神话研究有了兴趣。又从沈雁冰先生的《神话杂论》一书中受到启发，那上面说："中国神话不但一向没有集成专书，并且散见于古书的，亦复非常零碎，所以我们若想整理出一部中国神话来，是极难的。"少年时期酷爱童话也喜欢古典文学的我，这时就想尝试做难度较大的整理中国神话的工作。后来读了钟毓龙先生四厚册的《上古神话演义》，觉得他把神话和历史搅作一团，驳杂不伦，不是整理中国神话的途径，就更从相反方面加强了我去尝试一下的决心。

于是我就在1947年下半年和1948年初之间，开始搜集材料，草拟提纲，想写出一本《中国古代神话》的小书来。许师住青田街的寓所我是常去的，某次又因其他事情去见许师，顺便把我这种想法告诉许师知道。治学一向严谨的许师，初以为我的设想未免过奢，经我说明不过是小规模的尝试之后，许师这才微笑点头颔许。清楚地记得不止一次，每当我去拜访许师，离开他家的时候，许师送我出门，穿着中式长袍的他，魁伟的身材，白发红颜，笑眯眯地站在纸扇门旁，看我坐在玄关的阶前，挟着一只装文稿杂物的小竹箱，穿自己的鞋子——那时去台湾工作的人员，住的大都是日本人留下的木头房子，进出门都要脱鞋、穿鞋——的情景，心里就觉得温暖、亲切。哪知为时不久，许师就惨遭了不幸。

2月19日上午，正在机关伏案工作，忽传许师家里出了惨案：有说许师被杀，有说许师家人被杀，真是晴天霹雳。急乘车前往探视。到时，许师寓所已被汽车、人力车和围观的人群拥塞着，刑警正在进行侦查，不让进去。一问情由，果系许师被杀身死。事情发生在昨天夜半，凶手越墙进去，径入许师卧室，以柴刀向许师的颈部连砍数刀，创口大而深，许师似在睡梦中，未加抵抗，即行毕命，血染床褥被帐，情状极惨……

午后1时，许师寓所侦查完毕，开始放人进去。经花径，直上许师卧间。屋子里弄得极零乱，许师侧卧榻榻米（日本地席）上，身上盖着血染的被条，白发皤然的头露了一半在被条外面，头上也略沾血迹。谁也不敢且不忍去揭开被条细看。此一忠厚和平的老翁，从此便长眠不醒了。悲从中来，欲泣无泪，因为眼泪全都被愤怒和骇愕所蒸化了。

缉捕凶手的事闹了好几天，中间还夹杂些鬼神迷信的事，不知是谁弄的玄虚。起初逮捕了一个嫌疑犯，是许师的远亲周某，后来又被保释。23日在台大附属医院公祭许师。早晨才听说凶手已经抓到了，谁也料不到便是前编译馆的工役高万伴。报上有专栏长篇报道此事。据高犯供：因编译馆撤销，他失了业，不得不以偷窃为生。他常去许师家修电灯，早已熟悉门路，且已偷过几次。这次刚进许师屋子，许师醒了，用电筒射他，并抓背后枕头掷他。他在惧怒之下，杀心顿生，乃将随身所带的柴刀向许师砍去，许师呼叫，接连又是几刀，这样老人就毙命了。

在公祭场上，大家议论：许师既在醒时被砍身死，应有搏斗阻格痕迹，何以手上脸上都无刀伤，几刀都在颈部的一侧，显系在熟睡中毫无抵抗便被矸毙命。至于现场零乱的光景，则完全可以事后人为，是不足为据的。但凶手既然供认如此，议论也不过是议论而已。

上午 9 时，公祭开始，与祭的人约二三百，前编译馆同事大都见到了。同事中有华大同学陈嗣英，也是许师的学生，正从灵堂走出，眼睛红湿，脸白如霜。公祭毕送许师遗体去火葬场火化。警局派专车两乘，押凶手及所盗赃物前来示众。高万侔被解下车，两手反缚，脸色褐黄，一眼略斜，带愚顽相。旋解去。

27 日送许师挽联云：

> 希望寄前途，一代儒宗速殒，应教盈睚倾予泪；
> 典型留后世，三千桃李同悲，何来逆竖夺师魂！

请洪鋆先生写在两幅三码长的白布上，尚大方可看。29 日又去中山纪念堂参加许师的追悼会，到会人数略如公祭那天。台上悬遗像，下列大花圈若干，除党国要人所献者外，内中赫然还有蒋中正所献的一个大花圈，两旁则是挽联林立。行礼如仪后，由台湾师范学院院长李季谷报告许师生平事迹，又由台大陆校长和谢似颜教授致哀词，便散会。

3 月 13 日，去法院听公审高万侔。高供词大略如前，无甚可听。不久这个凶手便弄去枪毙了。听说在行刑前，高万侔母妹来向他诀别，亲人之间颇表现了些凄恻的情景。大家怀疑此凶犯是否便是仅因偷盗而杀害许师的真凶。我自己更是惊怔不已，疑莫能明。作为一个忠厚长者，纯以读书治学为务，无侮于人、无争于世的许师，而有青田街寓所的惨祸，真是太可伤痛了！如此时事，我还能说什么，还有什么可说呢！

(选自《悼忆许寿裳师》，载于《回忆许寿裳》，浙江省政协文史资料委员会、绍兴市政协文史资料委员会编，中国文史出版社 2018 年版，题目为编者加。作者 1948 年 3 月写初稿于台北，1992 年 2 月订补于成都)

永远不能忘记的许老师

叶庆炳　陈诗礼 *

　　说是无缘吧，为甚去年秋天我们刚从内地转学到台大，许先生就担任了我们中国文学系的主任，并且亲自教授文字学课程，循循善诱地教导我们，使我们得益匪浅？那么，说是有缘吧，又为甚这样地只有过了短短的半年，他老人家就惨遭杀害，和我们永诀了呢？唉，我们和他老人家就只这么一段小缘，造物也太悭吝了。

　　许先生逝世已过了五七，人们是健忘的，时过境迁，也会渐渐地将他淡忘了。可是，我们怎能忘记他呢？虽说他和我们只不过短短的半年师生之谊，然而我们以前从未遇到过像他那样慈祥微笑的老师，以后也许永远不能再遇到。那么这半年中他老人家所给予我们的印象该是何等深刻，我们能忘记他吗？不能，永远不能！

　　那时候，许先生担任的一门中国文字学是中文系二年级的课程，而中文系二年级一共就只有我们两个学生，所以我们是同系学生中最多得他教诲的两个。文字学的教材是许先生自己编就的，虽然只有两个学生，可是他为了要减省我们笔录的时间，借此讲解得更详细一点，所以依然设法替我们印讲

---

* 叶庆炳（1927—1993），笔名青木，浙江省余姚县人。许寿裳学生，曾任台湾大学、辅仁大学教授。陈诗礼，许寿裳学生。

义。又因为校中出版组的人员不善写甲文、金文、篆文等字体，所以特地指定了一位助教来缮写，讲义印就后，还得他自己来校阅一次，有错处即亲笔改正，然后才发给我们，仅此一点，已是使我们感戴不止的。

尤其使我们敬佩的，是许先生的精神饱满，上课时挺立在讲台上从不露出一丝困倦的表情，比许多年轻的教师强得多。有一次，我们因感到［我们作为学生坐在台下听］[1]，而他老人家却立在台上讲，心里说不出的不安，所以在上课之前先去讲台上摆了一把椅子，意思是要请他坐着讲，哪晓得上课后他走进教室，跨上讲台，看见了那椅子，就问我们是哪一位先生身体不大好，要坐着上课。当时我们只得老实告诉他。他听了一边把椅子移向一旁，一边微笑着说："我还有气力站着讲，用不着这东西。——只要你们用心听就好了，文字学虽然是一门枯燥的课，可是你们用心听我讲，日久自然也会感到一点兴趣的。"从此，我们在感戴之余，益发用心听讲，不让他老人家的一言一字在我们的耳旁滑过；而且，我们也不曾感觉到这门课的枯燥乏味。

许先生的负责任、守时刻，是他的朋友们所熟知的。上学期整整的一学期中，他没有缺过一次课；而上课也从不迟到，仅有的一次是朱部长在本校法学院向学生训话的一天上午。那天上午我们的文字学课是 10 时至 11 时，而许先生在 8 时许就被校方请去招待朱部长了，可是我们事先并不知道。10 点钟，我们到教室里等他上课，过了 15 分钟还不见他来，不由得我们奇怪起来，因为平时是上课铃一响他就来到教室里的，可是我们仍耐心地等着，并不打算走开，我们相信他一定会来的。果然，约莫在 10 点 20 分时，许先生急急地来到教室里，似乎是一看见我们还在，才放心似的说："我知道你们一定等着我的。—— 一早就被陆校长邀去招待朱部长，而我一时又没法通知你们，所以现在会刚开完，我就赶回来……"说完就开始讲授了。

在一个周末的下午，他曾经约我们两个到他的家里去，很客气地招待我们，并且一再地问我们对于本系各教师的印象，他要我们老实不客气地说，

---

[1] 原稿字迹漫漶，中括号内文字系编者拟加。

好的是好的，坏的是坏的。然后，他告诉我们对于改进中国文学系的计划，并且要我们尽量提供意见。最后谈到我们学习的志愿，他问我们准备专门研究文学的哪一部门，并且细细地述说关于我们所要研究的各该部门的基本知识和主要著作，由此可见，他老人家是何等地关心他的学生的学业和前途。写至此，我们真禁不住要流泪。

一学期很快地过去，接着寒假也完了。2月18日的上午，我们怀着久别重逢的心情来到校中，进了文学院，再上楼一看，许先生的办公室已移到右楼第一间。第二、第三……以至最后一间，全成了中文系的研究室，分别以"总集""专集""近代"等命名着，而以前在那里的外文、哲学等系的办公室、研究室等全已移到左楼去了。这样使我们看了精神为之一振，觉得我们的中文系是很快地在进步、改善。当我们欣然走入了许先生的办公室，又看到他老人家慈祥的微笑，听着他老人家恳挚的言语，我们的心头是感到何等的温暖，何等的兴奋！哪晓得那已是最后一次的见面，最后一次的聆教了。

（选自《我们永远不能忘记的许老师》，载于《回忆许寿裳》，浙江省政协文史资料委员会、绍兴市政协文史资料委员会编，中国文史出版社2018年版，题目为编者加。作者写于1948年3月27日）

苍白的头发下，闪着潮润的眼睛

段若青

1936 年 9 月，鲁迅先生在上海病逝的消息传来，我们心头沉重。那年代我们学生无不受他思想的哺育，他的文章每每启发我们勇往直前，他教导我们青年人：一要生存，二要学习，三要发展。这就使我们懂得了做人的权利。谁阻碍我们生存？帝国主义侵略者，谁不让我们学习？"华北之大，已放不下一张书桌。"上街游行，挨打被捕，因为当局奉命不抵抗。我们要抗日，就只有奋斗才有前途。个人力量小，集体就有力量。于是各校成立学生会组织，全市成立学生联合会，叫学联。学联集中各高校人才引导大家有计划有步骤地去工作去斗争。不放过一切机会，凡布置的任务全力以赴。我们节衣缩食地扩大宣传，唤起群众不买日货不做亡国奴，不做汉奸，坚决和敌人斗争下去。

这天学联通知下午 1 时去西单北平大学法商学院集会，参加北平的追悼鲁迅先生大会，学院大门早已封锁了，怎么办？连表达哀思的机会也没有了。我们几个湖南女生便找四年级毕业班大姐商量，她们建议派几个代表向许院长请求参加下午学联大会。记得有葛琳、游竞源、周佩琼和我等五人参加，这正是开午饭的时候，我们站在大门内花坛前等待。一会儿许院长和秘书从内院来了，许院长说："我知道你们敬仰鲁迅先生，想参加追悼会，但学校已接到通知，不让学生为此集合，怕招惹事端，为你们的安全，劝你们不要上街，上次数学系的罗传付参加北大的抬棺游行被捕，徐诵明校长花了好大的功夫才把她保释出来，暑假她就回去养病去了。你们再被抓去一个怎么办？最近外面风声紧，就怕学生惹事，敌人乘机而入。鲁迅先生是我的同乡、同学，几十年挚友，我痛失老友心中也很难过的……"许院长含着眼泪沉默了。我说："既然是院长老友，我们派几个代表去致哀不更好吗？！我们保证不在街上喊口号。"许院长停了一会儿说："目前形势不利，可以在院内开个追悼会，我请老师作报告，向你们讲讲鲁迅先生的为人。鲁迅先生每出一本书都要送我一本，他的书是很多的。他写的信也很多，几十年的都在，还有照片，我拿出来给你们开个展览会，让你们对鲁迅先生有更全面更深刻的认识。什么时候开会，到时再出布告。"这时我们都在太阳下，许老的白须白发在阳光下闪耀。秘书催他吃饭去，许老说："你们该吃饭了。"仍不肯开门放行，我们交涉无结果，只好等明天的报道了。

第三天，一个鲁迅先生的书信展览在院内布置好了。几乎全是鲁迅先生送给许老的著作和信件，展品中有一本德国女版画家柯勒惠支的作品，用铜版刻印，我第一次见到，十分吸引人。人物传神，有一幅叫"孩子们饿着"，太令人同情了，多么逼真！礼堂也布置得庄严肃穆，有放大的鲁迅先生像。我们静默志哀后，才请曹联亚老师讲话，讲的是鲁迅"打落水狗"的精神。我当时是《北平新报》的通讯员，当场用心记下，回去抄了一遍就交报馆取件人了，第二天便登在《北平新报》上了。

这事我以为过去了，哪知第二天下午，校工来通知我说院长请去谈话。什么事呢？！同室的傅、粟二君在猜测，一定是那天要求参加鲁迅去世开追悼会的事。那天一共去五人请院长接见，这是入院来第一次。我们的要求没错，我怀着信心硬着头皮去了。

我第一次进院长办公室。在九爷府右边院落的最后头，十分安静。院长要我坐在他书桌前，用浓厚的绍兴普通话问我："你近来活动得很呀！"这个"活"字，他的口音和"浮"字相近，我以为说我浮动，浮动不是说我轻浮吗？我搞救亡工作怎么说轻浮呢？马上气红了脸反问："我哪一点浮动了?！"他见我生气的样子，知道语言发生了误会，便写了"活动"二字在纸上给我看，态度并不严厉。我不禁笑了。院长说："我乡音难改，你别见怪。我知道你是领湖南同乡会清寒子弟奖学金的，每个月几块钱怎么支配的？哪来钱在外面跑呢？"我说："自从参加救亡活动后，我便不吃学校食堂了。八元一月嫌贵，便同数理系的林小个儿去门口大碗居吃片儿汤。一毛一顿有点白菜，吃个贴饼子，一共不过一毛多一餐，这样一个月不超过六元，便省下钱来了。""你吃了多久了？""好几个月了。"许院长关切地说："怪不得你气色不大好，长此下去可不行呀！""并不止我一人这么吃，林大个儿也这么吃。还有好几个南方人，北方人都有，人家能吃，我怎么不能吃呢？"

"你经常外出干些什么？"

"我们受学联领导通知上哪儿便上哪儿，要干什么便干什么。经常分片包干，我们包东四一带。宣传不买日货。从店铺到居民，宣传不进日货；深入居民胡同，挨门挨户劝老百姓不买日货，不作亡国奴。""你们几个人一道去？""有时两人，有时一人也得去。""他们反应如何？""一般大妈大嫂要听，还倒茶请坐。问这问那，关心大事怕鬼子入城骚扰。但有的老头从鸦片烟炕上跳出来说：'东洋鬼子打到我床上来我也不管。'很气人的。""你一个人最好别到这些地方去，特别是晚上。""我为了完成任务总想多跑几家，有时也怕狗咬人。它一叫我就慌了。"

许院长笑了一下，又严肃地说："不止这些，要警惕浪人做坏事，欺负你们女学生。你是湖南人，怎么到北平来的？你父亲干什么的？""我父亲学机械的，湖南乙等高工毕业，可我三岁时他便去世了。我弟才一岁，我母才26岁，比父亲大两岁。""你怎么上学的？""最初靠祖父，后来祖父患青光眼了，没法管我们学费。从四年级起，便由我母当绣花师傅每月挣的10元钱供我和弟学费，但也不容易。祖父去世后，家道更衰。叔叔便带我去上海考上半工半读的劳动中学：一切费用全免。不过两年学校被解散；我就赶快上一个师范学校，毕业后便去当小学教师，赚了钱便考大学，付了第一年的伙食费，第二年便有这湖南同乡会奖学金可以对付了，所以我三年没回过家，怕加重母亲负担。""你母供你不易，学校对你们负责。徐校长费好大劲才保释出来，罗传付现在回长沙养病去了，我不想再有这事发生。""那有什么办法呢？华北危急，救亡工作一天也不能停下来。日本鬼子打来了，老百姓还不知道。我们还到朝阳门外去做老百姓的工作，把多余的衣物和零钱送给他们，叫他们不给鬼子引路，把粮食藏好，给敌人'坚壁'。能上山的上山，来不及也挖个地洞，决不做亡国奴。我们还给二十九军写信，一人一封，要他们坚决抗日，来一个杀一个，寸土不失……"

许院长渐渐听入神了，他的眼睛潮润了。"昨天《北平新报》上那篇纪念鲁迅的文章是你记录的吗？""是。我在会上记下，中午抄一遍，下午就来人取去了，当晚就排出了。""你记得很好，你常常写文章，有报酬吗？""有时有，有时没有，这个《北平新报》每月送我一份报看就可以了。""你爱写文章，我们女院打算办个院刊发表你们的文章，你的工作太忙了，你有散文习作课，你不用抄写，每上完习作后，我便叫秘书取来，让他编入院刊，每次送你一本，不用花钱罢了。"

我告辞出来，一路上想着，许老并未训斥我，而且在苍白的头发下闪着潮润的眼睛，是同情我这从小没有父亲的孤儿呢？还是想着那哺育我们青年学生的鲁迅先生呢？这位五十多岁的长者给我留下十分深刻的印象。

（选自《忆许寿裳老师》，载于《回忆许寿裳》，浙江省政协文史资料委员会、绍兴市政协文史资料委员会编，中国文史出版社 2018 年版，题目为编者加。作者写于 1995 年 10 月，选入有删节）

最后的背影

黄得时 *

  许季茀先生，于 2 月 18 日深夜，惨遭飞祸，闻者莫不切齿痛惜，尤其是台大中文系，损失特巨。先生遭害之前日，仍然到校办公，其举止行动，与平日无异——记得那天上午 10 时左右，中文系台静农先生、李竹年先生和我三个人，与史学系的夏德仪先生，在中文研究室，商讨图书分配事宜。经过一番详细讨论之后，才决定几条基本原则。那时，许先生也进入，我们一看，就站立起来，让位请先生坐。先生与平日一样，温容可掬，很和蔼，很客气地，再三推让，终于与台静农先生，靠窗相并坐下，一面拿出香烟请我们抽，一面说："后天是 20 号，要上课了，各研究室的图书，明天一天，必定要分配好……"恰巧那时候，有三位中文系的学生，敲门进入，各人手里拿着本学期的选课表，请先生签名盖章，先生就回到自己的办公室去了。我们仍然继续讨论，终于决定第二天早晨 8 点，一同到校指挥工人搬书。于是这个小小的集会，也就结束了。

  会后，我本来要去请问许先生有没有看过昨天我在市内某书店所见到上海新运来的《鲁迅传》（王士菁著）。但一看表，时间已经 11 点 15 分了，我也不敢到先生的办公室去打扰，恐耽误先生的下班时间。因为我们都知道，

---

* 黄得时（1909—1999），台湾台北人。毕业于台北帝国大学中文系。台湾著名文学家。

每天到 11 点 20 分，先生就要到校本部去乘公用汽车，车是 11 点半开的，万一过了这时间就赶不上车。

本来台大文学院的正门与校本部的正门，隔一广场，遥遥相对，而中文系的八间研究室，又并列在文学院楼上左边，所以站在研究室前面的走廊，谁都可以望见在广场上来往的人。

那一天，我不知怎么的，茫然站在走廊，眺望着广场，偶然看见许先生戴着浅灰色的呢帽，穿着深灰色的长袍，一手拿着皮包，一手拿手杖，由文学院正门，一步一步，踱过广场，走向校本部去乘车。先生今年已 66 岁，年纪相当高，但是先生的身体，与先生的思想一样，比年轻的人还强壮。先生走路的时候，有一点特色，那就是两手不紧靠身边，胳膊离开腰部，稍弯一点儿，一步一步慢慢地走，所以虽在远远的地点，一看就知道是许先生。以前我虽然好几次看见许先生走过这广场时的背影，但是总没有像这一天的背影那样深刻地投射在我的眼睑。

想不到——真真想不到，到第二天，许先生的背影，就永远地，再不能在文学院前面的广场望见了。但是许先生的学问与品格，和他的背影一样，永远地活现在我们的眼前，指导我们，激励我们，开拓中国文学的新途径。

（选自《许先生最后的背影》，载于《回忆许寿裳》，浙江省政协文史资料委员会、绍兴市政协文史资料委员会编，中国文史出版社 2018 年版，题目为编者加。作者 1948 年 3 月 25 日写于台大文学院研究室）

第八辑
速写群英会

这顽皮小孩

郁达夫

　　大约是在宣统二年（1910 年）的春季，我离开故乡的小市，去转入当时的杭府中学读书——上一期似乎是在嘉兴府中读的，终因路远之故而转入了杭府——那时候府中的监督，记得是邵伯炯先生，寄宿舍是大方伯的图书馆对面。

　　当时的我，是初出茅庐的一个十四岁未满的乡下少年，突然间闯入了省府的中心，周围万事看起来都觉得新异怕人。所以在宿舍里，在课堂上，我只是诚惶诚恐，战战兢兢，同蜗牛似的蜷伏着，连头都不敢伸一伸出壳来。但是同我的这一种畏缩态度正相反的，在同一级同一宿舍里，却有两位奇人在跳跃活动。

　　一个是身体生得很小，而脸面却是很长，头也生得特别大的小孩子。我当时自己当然总也还是一个孩子，然而看见了他，心里却老是在想，"这顽皮小孩，样子真生得奇怪"，仿佛我自己已经是一个大孩似的。

　　还有一个日夜和他在一块，最爱做种种淘气的把戏，为同学中间的爱戴集中点的，是一个身材长得相当的高大，面上也已经满示着成年的男子的表情，由我那时候的心里猜来，仿佛是年纪总该在三十岁以上的大人，其实呢，他也不过和我们上下年纪而已。

　　他们俩，无论在课堂上或在宿舍里，总在交头接耳地密谈着，高笑着，跳来跳去，和这个那个闹闹，结果却终于会出其不意地做出件很轻快很可笑很奇特的事情来吸引大家的注意的。

而尤其使我惊异的，是那个头大尾巴小，戴着金边近视眼镜的顽皮小孩，平时那样的不用功，那样的爱看小说——他平时拿在手里的总是一卷有光纸上印着石印细字的小本子——而考起来或作起文来却总是分数得的最多的一个。

像这样地和他们同住了半年宿舍，除了有一次两次也上了他们一点小当之外，我和他们终究没有发生什么密切一点的关系；后来似乎我的宿舍也换了，除了在课堂上相聚在一块之外，见面的机会更加少了。年假之后第二年的春天，我不晓为了什么，突然离去了府中，改入了一个现在似乎也还没有关门的教会学校。从此之后，一别十余年，我和这两位奇人——一个小孩，一个大人——终于没有遇到的机会。虽则在异乡飘泊的途中，也时常想起当日的旧事，但是终因为周围环境的迁移激变，对这微风似的少年时候的回忆，也没有多大的留恋。

（选自《志摩在回忆里》，载于《知己！知己：文人笔下的友情》，《闲情偶拾》编辑组编，中国文史出版社 2020 年版，题目为编者加）

那种快乐的光耀

郁达夫

民国十三四年—— 一九二三四年 [1] ——之交，我混迹在北京的软红尘里；有一天风定日斜的午后，我忽而在石虎胡同的松坡图书馆里遇见了志摩。仔细一看，他的头，他的脸，还是同中学时候一样发育得分外的大，而那矮小的身材却不同了，非常之长大了，和他并立起来，简直要比我高一二寸的样子。

他的那种轻快磊落的态度，还是和孩时一样，不过因为历尽了欧美的游程之故，无形中已经锻炼成了一个长于社交的人了。笑起来的时候，可还是同十几年前的那个顽皮小孩一色无二。

从这年后，和他就时时往来，差不多每礼拜要见好几次面。他的善于座谈，敏于交际，长于吟诗的种种美德，自然而然地使他成了一个社交的中心。当时的文人学者、达官丽姝，以及中学时候的倒霉同学，不论长幼，不分贵贱，都在他的客座上可以看得到。不管你是如何心神不快的时候，只要经他用了他那种浊中带清的洪亮的声音，"喂，老 ×，今天怎么样？什么什么怎么样了"的一问，你就自然会把一切的心事丢开，被他的那种快乐的光耀同化了过去。

---

[1] 原文有误，应为"一九二四、五年"。

正在这前后，和他一次谈起了中学时候的事情，他却突然地呆了一呆，张大了眼睛惊问我说："老李你还记得起记不起？他是死了哩！"

　　这所谓老李者，就是我在头上写过的那位顽皮大人，和他一道进中学的他的表哥哥。

　　其后他又去欧洲，去印度，交游之广，从中国的社交中心扩大而成为国际的。于是美丽宏博的诗句和清新绝俗的散文，也一年年地积多了起来。1927年的革命之后，北京变了北平，当时的许多中间阶级者就四散成了秋后的落叶。有些飞上了天去，成了要人，再也没有见到的机会了；有些也竟安然地在牖下到了黄泉；更有些，不死不生，仍复在歧路上徘徊着，苦闷着，而终于寻不到出路。是在这一种状态之下，有一天在上海的街头，我又忽而遇见了志摩。

　　"喂，这几年来你躲在什么地方？"

　　兜头的一喝，听起来仍旧是他那一种洪亮快活的声气。在路上略谈了片刻，一同到了他的寓里坐了一会儿，他就拉我一道到了大赉公司的轮船码头。因为午前他刚接到了无线电报，诗人泰戈尔回印度的船系定在午后5时左右靠岸，他是要上船去看看这老诗人的病状的。

　　当船还没有靠岸，岸上的人和船上的人还不能够交谈的时候，他在码头上的寒风里立着——这时候似乎已经是秋季了——静静地呆呆地对我说：

　　"诗人老去，又遭了新时代的摈斥，他老人家的悲哀，正是孔子的悲哀。"

　　因为泰戈尔这一回是新从美国日本去讲演回来，在日本在美国都受了一部分新人的排斥，所以心里是不十分快活的，并且又因年老之故，在路上更染了一场重病。志摩对我说这几句话的时候，双眼呆看着远处，脸色变得青灰，声音也特别的低。我和志摩来往了这许多年，在他脸上看出悲哀的表情来的事情，这实在是最初也便是最后的一次。

　　从这一回之后，两人又同在北京的时候一样，时时来往了。可是一则因为我的疏懒无聊，二则因为他跑来跑去地教书忙，这一两年间，和他聚谈时候也并不多。今年的暑假后，他于去北平之先曾大宴了三日客。头一天喝酒的时候，我和董任坚先生都在那里。董先生也是当时杭府中学的旧同学之一，席间我们也曾谈到了当时的杭州。在他遇难之前，从北平飞回来的第二天晚上，我也偶然的，真真是偶然的，闯到了他的寓里。

那一天晚上，因为有许多朋友会聚在那里的缘故，谈谈说说，竟说到了十二点过。临走的时候，还约好了第二天晚上的后会才兹分散。但第二天我没有去，于是就永久失去了见他的机会了，因为他的灵柩到上海的时候是已经殓好了来的。

（选自《志摩在回忆里》，载于《知己！知己：文人笔下的友情》，《闲情偶拾》编辑组编，中国文史出版社2020年版，题目为编者加）

志摩的兴趣是极广泛的

林徽因 *

他的作品全是抒情的么？他的兴趣只限于情感么？更是不对。志摩的兴趣是极广泛的。就有几件，说起来，不认得他的人便要奇怪。他早年很爱数学，他始终极喜欢天文，他对天上星宿的名字和部位就认得很多，最喜暑夜观星，好几次他坐火车都是带着关于宇宙的科学的书。他曾经疯过爱因斯坦的相对论，并且在1922年便有过一篇关于相对论的东西登在《民铎》杂志上。他常向思成说笑："任公先生的相对论的知识还是从我徐君志摩大作上得来的呢，因为他说他看过许多关于爱因斯坦的哲学都未曾看懂，看到志摩的那篇才懂了。"今夏我在香山养病，他常来闲谈，有一天谈到他幼年上学的经过和美国克莱克大学两年学经济学的景况，我们不禁对笑了半天，后来他在他的《猛虎集》的"序"里也说了那么一段。可是奇怪的！他不像许多天才，幼年里上学，不是不及格，便是被斥退，他是常得优等的，听说有一次康乃尔暑校里一个极严的经济教授还写了信去克莱克教授那里恭维他的学生，关于一门很难的功课。我不是为志摩在这里夸张，因为事实上只有为了这桩事，今夏志摩自己便笑得不亦乐乎！

此外他的兴趣对于戏剧绘画都深浓，戏剧不用说，与诗文是那么接近，

---

* 林徽因（1904—1955），福建闽县人，出生于浙江杭州。著名女建筑师、诗人和作家，人民英雄纪念碑和中华人民共和国国徽深化方案的设计者之一、建筑师梁思成的第一任妻子。

他领略绘画的天才也颇可观，后期印象派的几个画家，他都有极精密的爱恶，对于文艺复兴时代那几位，他也很熟悉，他最爱鲍提且利和达文骞。然他也常承认文人喜画常是间接地受了别人论文的影响，他的，就受了法兰（Roger Fry）和斐德（Walter Pater）的不少。对于建筑审美他常常对思成和我道歉说："太对不起，我的建筑常识全是 Ruskins 那一套。"他知道我们是最讨厌 Ruskins 的。但是为看一个古建的残址，一块石刻，他比任何人都热心，都更能静心领略。

他喜欢色彩，虽然他自己不会作画，暑假里他曾从杭州给我几封信，他自己叫它们作"描写的水彩画"，他用英文极细致地写出西边桑田的颜色，每一分嫩绿，每一色鹅黄，他都仔细地观察到。又有一次他望着我园里一带断墙半晌不语，过后他告诉我说，他正在默默体会，想要描写那墙上向晚的艳阳和刚刚入秋的藤萝。

对于音乐，中西的他都爱好，不止爱好，他那种热心便唤醒过北京一次——也许唯一的一次——对音乐的注意。谁也忘不了那一年，客拉司拉到北平在"真光"拉一个多钟头的提琴。对旧剧他也得算"在行"，他最后在北平那几天我们曾接连地同去听好几出戏，回家时我们讨论得热闹，比任何剧评都诚恳都起劲。

谁相信这样的一个人，这样忠实于"生"的一个人，会这样早地永远地离开我们另投一个世界，永远地静寂下去，不再透些许声息！

我不敢再往下写，志摩若是有灵听到比他年轻许多的一个小朋友拿着老声老气的语调谈到他的为人不觉得不快么？这里我又来个极难堪的回忆，那一年他在这同一个的报纸上写了那篇伤我父亲惨故的文章，这梦幻似的人生转了几个弯，曾几何时，却轮到我在这风紧夜深里握笔吊他的惨变。这是什么人生？什么风涛？什么道路？志摩，你这最后的解脱未始不是幸福，不是聪明，我该当羡慕你才是。

（选自《悼志摩》，载于《怀鲁迅 我所见的叶圣陶》，郁达夫、朱自清等著，人民文学出版社 2017 年版，题目为编者加）

天生是一个诗人

吴 晗[*]

　　我和一多认识，从朋友而同志，不过两三年。虽然过去几年都在联大同事，虽然过去他在清华大学当教授，我在当学生，当助教，当教员，经常有机会见面。

　　一多比我迟到云南，他从长沙率领学生步行到昆明。在路上一个多月没有刮胡子，到昆明后，发现胡子长得很体面，索性留起来，成为美髯公，他很得意。去年旅行路南游石林，含着破烟斗，穿一件大棉袍，布鞋，扎脚裤，坐在大石头上歇脚的时候，学生给他拍了一张照，神情极好，欢喜得很，放大了一张，装到玻璃框里，到他家的人，都欣赏照片里的胡子。有一次，第五军军长邱清泉在军部开时事座谈会，吃饭的时候，推他和冯友兰先生上座，说两位老先生年高德劭。我插了一句，错了，德虽劭而年不高，明年他才四十五岁。

　　一直到日本投降的那天，在乡下看到了报，立即叫理发匠把胡子剃了，当天下午进城，满院子的孩子见了，都竖起大拇指，喊："顶好！顶好！"

---

* 吴晗（1909—1969），原名吴春晗，字伯辰，浙江义乌人，中国著名历史学家、社会活动家、现代明史研究的开拓者和奠基者之一。曾任云南大学、西南联合大学、清华大学教授，北京市副市长，中国科学院历史研究所学术委员，中国科学院哲学社会科学部学部委员等职务。代表作有《朱元璋传》《明史简述》《读史札记》等。

一部好胡子配上发光的眼睛，在演讲，在谈话紧张的时候，分外觉得话有分量，尤其是眼睛，简直像照妖镜，使有亏心事的人对他不敢正视。

他为胜利牺牲了胡子，为民主献出了生命，献出了儿子。

天生是一个诗人，虽然有十年不写诗了，在气质上，在情感上，即使在政治要求上，还保留了彻头彻尾的诗人情调。

强烈的正义感，无顾忌到畅所欲言，有话便说，畅到使人起舞，使人猛醒，也使人捏一把汗。因为这，他抓住几千几万青年的心，每个青年当他是慈父，是长兄，向他诉苦，抱怨，求援，求领导。也因为这，敌人非置之死地不可。

在前年五四的前几个月，为了一桩事，我去看他。那时，他在昆华中学兼任国文教员，每月有一担米，一点钱和两间房子，虽然忙得多，比前些年有一顿没一顿的情况已经好多了。

从此以后，我们成为朋友。

五四这一天，在联大南区十号历史学会所主办的晚会上，他指出古书的毒素，尤其是孔家店，非打倒不可。要里应外合，大家来干。这晚上的盛会建立了近两年来联大民主运动的基础。

之后，几个月，他参加了民主同盟，由于他的热心和努力，立刻成为领导人之一。

热心的情形到这个地步，民盟是没有钱的，请不起人，有文件要印刷时，往往是他自告奋勇写钢版，不管多少张，从头到尾，一笔不苟。

昆明那时还没有公共汽车，私家也无电话，任何文件要找人签名，跑腿的人一多一定是一个。要开会，分头个别口头通知，他担任了一份，挨家挨户跑，跑得一身大汗，从未抱怨过半句。

去年暑假，昆中换校长，新校长奉命解一多的聘，不好意思说，只说要加钟点，一多明白了，不说什么，卷起铺盖搬家，恰好联大新盖了几所教职员宿舍，抽签抽中了，搬到了我家的对面。从此成天在一起，无事不谈，也无话不谈，彼此的情形都十分明白。

（选自《哭一多》，载于《怀鲁迅　我所见的叶圣陶》，郁达夫、朱自清等著，人民文学出版社 2017 年版，题目为编者加）

记忆从心头一齐亮起

端木蕻良[*]

1930 年，我考入了国立青岛大学（后改名为山东大学）。在这之前，我经历了革命失败的悲愤痛苦，逃亡生活的艰辛磨难，更加了解了人生道路的坎坷曲折。因此，在入学考试的作文《杂感》中，我写下了这样的一段话：

"人生永远追逐着幻光，但谁把幻光看作幻光，谁便沉入了无底的苦海！"

而我的恩师、著名诗人闻一多先生，正是从这一节《杂感》中认识了我。

在初学新诗时，我只知道闻一多先生的名字，并没有读过他的作品。而现在我受业于他，识其人，就渴想读其诗了。我向他借来了《死水》，一读就入了迷，佩服得五体投地。大有对于一位令人心折的人物相见恨晚的心情。读《死水》，一遍又一遍，有些诗篇，不是一下子就懂透了的，这需要咀嚼、琢磨、品味，一经完全懂了，好似看名山的奇峰，云雾消尽，它的悦目赏心的容颜便显现在眼前，而且越看越美，永远永远在心中保持它动人的青颜。

闻先生的诗，字里行间，充满着强烈的爱国主义情感和对苦难人民的深切同情。读着它，仿佛能看见一颗热爱祖国、热爱土地、热爱人民、热爱自

---

[*] 端木蕻良（1912—1996），原名曹汉文，辽宁省昌图县人。1928 年入天津南开中学读书。1932 年考入清华大学历史系，同年加入"左联"，发表小说《母亲》。曾任北京市作家协会副主席。主要作品有长篇小说《科尔沁旗草原》《大地的海》《江南风景》《大江》，散文《土地的誓言》，短篇小说集《憎恨》《风陵渡》，评剧《罗汉钱》《梁山伯与祝英台》等。

然的炽烈的血心。

闻先生的诗同他的为人一样谨严。他的诗，在技巧的磨炼上所下的功夫，所付出的心血，足以使一个初学者消解了浮浅的"自是"心，拉回乱放的野马，觉得新诗不是草率可以成功的。因此，读了他的诗，我把我的一本过去的习作交给了火。

读了《死水》，我觉得，过去我像个小孩子。酸甜苦辣都吃，也都以为可口，今天，我才有了一个自己的胃口。

我向闻先生和他的诗学习。学习着怎样想象，怎样造句，怎样去安放一个字。在以前，我不知道什么叫想象，知道了，也不会用它。抓住第一个跑到我心上的它的浮影，便宝贝似的不放松，把它用到自己的比喻、隐喻、形象上去了。不知道打开心门，让千千万万个想象飞进来，然后，苦心地比较着好坏，像一个吝啬的穷女人和一个小气的小贩子把一个铜板作为这场买卖成败的关键那样地认真争较着，然后，用无情的手把所有的想象都赶出去，只留下最后的一个。因为，没有扎着翅膀的想象，会永远把你的诗拖累在平庸的地上。

下字也难。下一个字像下一个棋子一样，一个字有一个字的用处，决不能粗心地闭着眼睛随意安置。敲好了它的声音，配好了它的颜色，审好了它的意义，给它找一个只有它才适宜的位置把它安放下，安放好，安放牢，任谁看了只能赞叹却不能给它掉换。佛罗贝尔教莫泊桑的"一字说"，每一个有志于写诗的青年都不应该看轻它。

这时候，我的创作兴致很高，用心也很苦！每得一诗，便跑到闻先生的家中去。闻先生住在大学路的一座红楼上，门前有一排绿柳，我每次进到他的屋子，都有一种严肃的感觉，也许是他那四壁的图书和他那伏案的神情使然吧。这时候，他正在致力于唐诗研究，长方大本子一个又一个，每个本子上，写得密密麻麻，看了叫人吃惊！

一开始谈诗，空气便不同了，他马上从一个学者变成了一个诗人。我吸着他递给我的"红锡包"（他总是吸红锡包烟），他嘴上也有一支，我们这时仿佛不再是在一间书房里了，我们像师生，又像朋友一样地交谈着。他指点着我这篇诗的好处、缺点，哪个想象很聪明，哪些字下得太嫩。同时，他又立即到书架子上去抓过一本西洋诗，打开，找出同我的想象字句差不多的想象字句来，比较着看，当然，人家的更好。有时，一个句子，一篇诗，得到了他的心，他古井似的心上（他久已把诗心交给一堆故纸了）立刻泛起澎湃的热流，眉飞色舞地读着它，同时，把一个几乎是过分的夸奖给了我。他，每每在某些诗句上画了红圈（多难得到的一个红圈呵），那些诗句恰是我最得意的，我们的眼睛和心全叫诗连在一起了。

记得有一个暑假，我把《神女》这一篇诗的底稿寄给他看了，其实是在做一个试验，其中有一个句子我最喜欢。复信来了，我心上的那个句子"记忆从心头一齐亮起"，果然单独地得了那个红圈。为了报答知音，我高兴得狂跳起来。

（选自《我的文学创作之路》，载于《撞击艺术之门》，方正、刘剑编，中国文史出版社 1997 年版，题目为编者加）

《雷雨》是这样感动过我

巴金

　　北平三座门大街十四号南屋，故事是从这里开始的。靳以把家宝的一部稿子交给我看，那时家宝还是清华大学的一个学生。在南屋客厅旁那间用蓝纸糊壁的阴暗小屋里，我一口气读完了数百页的原稿。一幕人生的大悲剧在我面前展开，我被深深地震动了！就像从前看托尔斯泰的小说《复活》一样，剧本抓住了我的灵魂，我为它落了泪。我曾这样描述过我当时的心情："不错，我流过泪，但是落泪之后我感到一阵舒畅，而且我还感到一种渴望，一种力量在身内产生了，我想做一件事情，一件帮助人的事情，我想找个机会不自私地献出我的精力。《雷雨》是这样地感动过我。"然而，这却是我从靳以手里接过《雷雨》手稿时所未曾想到的。我由衷佩服家宝，他有大的才华，我马上把我的看法告诉靳以，让他分享我的喜悦。《文学季刊》破例一期全文刊载了《雷雨》，引起广大读者的注意。第二年，我旅居日本，在东京看了由中国留学生演出的《雷雨》，那时候，《雷雨》已经轰动，国内也有剧团把它搬上舞台。我连着看了三天戏，我为家宝高兴，

　　1936年靳以在上海创办《文季月刊》，家宝在上面连载四幕剧《日出》，同样引起轰动。1937年靳以又创办《文丛》，家宝发表了《原野》。我和家宝一起在上海看了《原野》的演出，这时，抗战爆发了。家宝在南京教书，我在上海搞文化生活出版社，这以后，我们失去了联系。但是我仍然有机会把

他的一本本新作编入《文学丛刊》介绍给读者。

1940 年，我从上海到昆明，知道家宝的学校已经迁至江安，我可以去看他了。我在江安待了六天，住在家宝家的小楼里。那地方真清静，晚上七点后街上就一片黑暗。我常常和家宝一起聊天，我们隔了一张写字台对面坐着，谈了许多事情，交出了彼此的心。那时他处在创作旺盛时期，接连写出了《蜕变》《北京人》，我们谈起正在上海上演的《家》（由吴天改编、上海剧艺社演出），他表示他也想改编。我鼓励他试一试。他有他的"家"，他有他个人的情感，他完全可以写一部他的《家》。1942 年，在泊在重庆附近的一条江轮上，家宝开始写他的《家》。整整一个夏天，他写出了他所有的爱和痛苦。那些充满激情的优美的台词，是从他心底深处流淌出来的，那里面有他的爱，有他的恨，有他的眼泪，有他的灵魂的呼号。他为自己的真实感情奋斗。我在桂林读完他的手稿，不能不赞叹他的才华，他是一位真正的艺术家！我当时就想写封信给他，希望他把心灵中的宝贝都掏出来，可这封信一拖就是很多年，直到 1978 年，我才把我心里想说的话告诉他。但这时他已经满身创伤，我也伤痕遍体了。

（选自《怀念曹禺》，载于《怀鲁迅　我所见的叶圣陶》，郁达夫、朱自清等著，人民文学出版社 2017 年版，题目为编者加）

瘦 影

陈从周 [*]

> 旧游谁左说相从，初日芙蓉叶叶风；
>
> 挥手浮云成永诀，而今馨欬梦梁公。

"无穷山色，无边往事，一例冷清清"，那几天的处境，我便是在这般光景中过去。我回思得很多，最使人难忘的是 1963 年夏与梁先生一起上扬州，当时鉴真纪念堂要筹建，中国佛教协会请梁先生去主持这项工作，同时亦邀我参加。约好在镇江车站相会，联袂渡江，我北上，他南下。我在车站候他，不料他从边门出站了，我久等不至，径上轮渡，到了船上却欣然相遇了。莽莽南徐，苍苍北固，品题着缥缈中的山水，他赞赏了宋代米南宫小墨画范本，虽然初夏天气，但是湿云犹恋，因此光景奇绝。

我们在扬州同住在西园宾馆，这房间过去刘敦桢教授，以及蔡方荫教授曾住过，我告诉了他这段掌故，他莞尔微笑了，真巧，真巧。第二天同游瘦西湖，蜿蜒的瘦影，妩媚的垂杨，轻舟荡漾于柔波中，梁先生风趣地说："我爱瘦西湖，不爱胖西湖。"似乎对那开始着西装的西湖有所微词了。在一往

---

[*] 陈从周（1918—2000），原名郁文，浙江杭州人。中国著名古建筑园林艺术学家，上海市哲学社会科学大师，同济大学教授、博士生导师。擅长文、史，兼工诗词、绘画。著有《说园》等。

钟情祖国自然风光、热爱民族形式的学者来说，这种话是由衷的，是可爱的，是令人折服的。梁先生开始畅谈了他对中小名城的保护重要性的看法，不料船到湖心，忽然砰的一声，船舱中跳进了一条一尺多长的大鱼，大家高兴极了，舟子马上捉住，获得了意外的丰收。这天我们吃到瘦西湖的鲜鱼，梁先生说："宜乎乾隆皇帝要下江南来了。"

我们上平山堂勘查了大明寺建造鉴真纪念馆的基地，那时整个平山堂的测绘我已搞好，梁先生一一校对了，看得很细致，在平远楼品了茶，向晚回宾馆。梁先生胃纳不佳，每次用餐，总说"把困难交给别家，把方便交给自己"。意思说，菜肴太丰富，他享受不了，要我吃下去。我们便是每顿有上这样一个小小仪式。对鉴真纪念堂及碑的方案，他非常谦虚，时时垂询于我，有所讨论，我是借讨论的机会，向他讨教学习到很多东西。他开朗、真诚，我们谊兼师友，一点也没有隔阂之处。鉴真纪念碑的方案是在扬州拟就的，他画好草图，由我去看及量了石料，做了最后决定，交扬州城建局何时建同志画正图，接着很快便施工了，10月份我重到扬州，拍了新碑的照片寄他，他表示满意。

扬州市政治协商委员会邀梁先生作报告，内容是古建筑的维修问题，演讲一开始，他说"我是无耻（齿）之徒"，满堂为之愕然，然后他慢慢地说："我的牙齿没有了，在美国装上了这副义齿，因为上了年纪，所以不是纯白，略带点黄色，因此看不出是假牙，这就叫作'整旧如旧'，我们修理古建筑也就是要这样，不能焕然一新。"谈话很生动，比喻很恰当，这种动人的说话技术，用来科普教育，如果没有高度的修养与概括的手法，是达不到好效果的。他循循善诱，成为建筑家，教育家，能在人们心中留下不可磨灭的印象，原因是多方面的，关键是有才华。1958年批判"中国营造学社"，梁先生在自我检讨会中说："我流毒是深的，在座的陈从周他便能背我的文章，我反对拆北京城墙，他反对拆苏州城墙，应该同受到批判。"天哪！我因此以"中国营造学社"外围分子也遭到批判。我回忆在大学时代读过大学丛书——梁先生翻译的《世界史纲》，我自学古建筑是从梁先生的《清式营造则例》启蒙的，我用梁先生古建筑调查报告，慢慢地对《营造法式》加深理解，我的那本石印本《营造法式》上面的眉批都是写着"梁先生曰……"我是从梁先生著作中开始钦佩这位前辈学者的。后来认识了，交谈得很融洽，他知道我了解他，知道他的生世为学等。我至今常常在恨悔气愤，他给我的一些信，"文化大革命"中被抄家破毁了。如今仅存下他亲笔签上名送给我的那本《中国佛教建筑》论文了。我很感激罗哲文兄于 1961 年冬在梁先生门前为他与我合摄一影，这照幸由张锦秋还保存着一张，如今放在我的书桌上，朝夕相对，我还依依在他身旁，当然流年逝水，梁先生已做了天上神仙，而我垂垂老矣，追思前游，顿同隔世。

我与梁先生从这次扬州相聚后，自此永别了。我们同车到镇江候车，在宾馆中午餐，他买了许多包子、肴肉及酱菜等，欣然登上北上的火车，挥手送别，他在窗口的那个瘦影渐渐模糊不见了，谁也不能料到，这是生离也是死别。我每过镇江车站，便浮起莫名的暗淡情绪，今日大家颂梁先生的德，钦佩他的学术。我呢？仅仅描绘他的侧面，抒写我今日尚未消失的哀思，梁先生，你永远活在我们建筑工作者的心中。清华园中，前有王静安（国维）先生，后有梁思成先生，在学术界是永垂不朽的。王先生的纪念碑是梁先生设计，仿佛早定下这预兆了。王先生梁先生，你们这对学术双星将为清华园添增无穷的光彩，为后世学子做出光辉楷范，中国就是需要这样的学者，我为清华大学歌颂之。

（摘自《藤野先生　沈从文先生在西南联大》，鲁迅、汪曾祺等著，人民文学出版社 2017 年版，有删节）

悼许地山先生

郑振铎[*]

　　许地山先生在抗战中逝世于香港。我那时正在上海蛰居，竟不能说什么话哀悼他。——但心里是那么沉痛凄楚着。我没有一天忘记了这位风趣横逸的好友。他是我学生时代的好友之一，真挚而有益的友谊，继续了二十四五年，直到他的死为止。

　　人到中年便哀多而乐少。想起半生以来的许多友人们的遭遇与死亡，往往悲从中来，怅惘无已。有如雪夜山中，孤寺纸窗，卧听狂风大吼，身世之感，油然而生。而最不能忘的，是许地山先生和谢六逸先生，六逸先生也是在抗战中逝去的。记得二十多年前，我住在宝兴西里，他们俩都和我同住着，我那时还没有结婚，过着刻板似的编辑生活，六逸在教书，地山则新从北方来。每到傍晚，便相聚而谈，或外出喝酒。我那时心绪很恶劣，每每借酒浇愁，酒杯到手便干。常常买了一瓶葡萄酒来，去了瓶塞，一口气咕嘟嘟地全都灌下去。有一天，在外面小酒店里喝得大醉归来，他们俩好不容易地

* 郑振铎（1898—1958），字西谛，浙江温州人。著名社会活动家、作家、诗人、翻译家、学者、文学评论家，也是著名的收藏家、训诂家。1919 年参加五四运动并开始发表作品。1920 年与沈雁冰等人发起成立文学研究会，创办《文学周刊》与《小说月报》，曾任上海商务印书馆编辑、《小说月报》主编等。1931 年秋，任燕京大学和清华大学两校中文系教授。1937 年参加文化界救亡协会，与胡愈之等人组织复社，出版《鲁迅全集》，主编《民主周刊》。1955 年当选为中国科学院学部委员（院士）。郑振铎在文物捐献、抢救等方面，为中国文物事业做出重要贡献。

把我扶上电车，扶进家门口。一到门口，我见有一张藤的躺椅放在小院子里，便不由自主地躺了下去，沉沉入睡。第二天醒来，却睡在床上。原来他们俩好不容易地又设法把我抬上楼，替我脱了衣服鞋子。我自己是一点知觉也没有了。一想起这两位挚友都已辞世，再见不到他们，再也听不到他们的语声，心里便凄楚欲绝。为什么"悲哀"这东西老跟着人跑呢？为什么跑到后来，竟越跟越紧呢？

地山到北平燕京大学念书。他家境不见得好，他的费用是由闽南某一个教会负担的。他曾经在南洋教过几年书，他在我们这一群未经世故人情磨炼的年轻人里，天然是一个老大哥。他对我们说了许多我们从来没有听到过的话。他有好些书，西文的、中文的，满满地排了两个书架。这是我所最为羡慕的。我那时还在省下车钱来买杂志的时代，书是一本也买不起的。我要看书，总是向人借。有一天傍晚，太阳光还晒在西墙，我到地山宿舍里去。在书架上翻出了一本日本翻版的《太戈尔诗集》，读得很高兴。站在窗边，外面还亮着。窗外是一个水池，池里有些翠绿欲滴的水草，人工的流泉，在淙淙地响着。

"你喜欢太戈尔的诗么？"

我点点头，这名字我是第一次听到，他的诗，也是第一次读到。

他便和我谈起太戈尔的生平和他的诗来。他说道："我正在译他的《吉檀迦利》呢。"随在抽屉里把他的译稿给我看。他是用古诗译的，很晦涩。

"你喜欢的还是《新月集》吧。"便在书架上拿下一本书来，"这便是《新月集》，"他道，"送给你；你可以选着几首来译。"

我喜悦地带了这本书回家：这是我译太戈尔诗的开始。后来，我虽然把英文本的《太戈尔集》，陆续地全都买了来，可是得书时的悦喜，却总没有那时候所感到的深切。

我到了上海，他介绍他的二哥敦谷给我。敦谷是在日本学画的，一位孤芳自赏的画家，与人落落寡合，所以，不很得意。我编《儿童世界》时，便请他为我作插图。第一年的《儿童世界》，所有的插图全出于他的手。后来，我不编这周刊了，他便也辞职不干。他受不住别的人的指挥什么的，他只是为了友情而工作着。

地山有五个兄弟，都是真实的君子人。他曾经告诉过我，他的父亲在台湾做官，在那里有很多的地产。当台湾被日本占去时，曾经宣告过，留在台湾的，仍可以保全财产，但离开了的，却要把财产全部没收。他父亲招集了五个兄弟们来，问他们谁愿意留在台湾，承受那些财产，但他们全都不愿意。他们一家便这样地舍弃了全部资产，回到了祖国。因此，他们变得很穷。兄弟们都不能不很早地各谋生计。

他父亲是邱逢甲的好友，一位仁人志士，在台湾独立时代，尽了很多的力量，写着不少慷慨激昂的诗。地山后来在北平印出了一本诗集。他有一次游台湾，带了几十本诗集去，预备送给他的好些父执，但在海关上，被日本人全部没收了。他们不允许这诗集流入台湾。

地山结婚得很早。生有一个女孩子后，他的夫人便亡故。她葬在静安寺的坟场里。地山常常一清早便出去，独自到了那坟地上，在她坟前，默默地站着，不时地带着鲜花去。过了很久，他方才续弦，又生了几个儿女。

他在燕大毕业后，他们要叫他到美国去留学，但他却到了牛津。他学的是比较宗教学。在牛津毕业后，他便回到燕大教书。他写了不少关于宗教的著作：他写着一部《道教史》，可惜不曾全部完成。他编过一部《大藏经引得》。这些，都是扛鼎之作，别的人不肯费大力从事的。

茅盾和我编《小说月报》的时候，他写了好些小说，像《换巢鸾凤》之类，风格异常的别致。他又写了一本《无从投递的邮件》，那是真实的一部伟大的书，可惜知道的人不多。

最后，他到香港大学教书，在那里住了好几年，直到他死。他在港大，主持中文讲座，地位很高，是在"绅士"之列的。在法律上有什么中文解释上的争执，都要由他来下判断。他在这时期，帮助了很多朋友们。他提倡中文拉丁化运动，他写了好些论文，这些都是他从前所不曾从事过的。他得到广大的青年们的拥护。他常常参加座谈会，常常出去讲演。他素来有心脏病，但病状并不显著，他自己也并不留意静养。

有一天，他开会后回家，觉得很疲倦，汗出得很多，体力支持不住，便移到山中休养着。便在午夜，病情太坏，没等到天亮，他便死了。正当祖国最需要他的时候，正当他为祖国努力奋斗的时候，病魔却夺了他去。这损失是属于国家民族的，这悲伤是属于全国国民们的。

他在香港，我个人也受过他不少帮助。我为国家买了很多的善本书，为了上海不安全，便寄到香港去；曾经和别的人商量过，他们都不肯负这责任，不肯收受，但和地山一通信，他却立刻答应了下来。所以，三千多部的元明本书，抄校本书，都是寄到港大图书馆，由他收下的。这些书，是国家的无价之宝；虽然在日本人陷香港时曾被他们全部取走，而现在又在日本发现，全部要取回来。但那时如果仍放在上海，其命运恐怕要更劣于此。——也许要散失了，被抢得无影无踪了。这种勇敢负责的行为，保存民族文化的功绩，不仅我个人感激他而已！

他名赞堃，写小说的时候，常用落华生的笔名。"不见落华生么？花不美丽，但结的实却用处很大，很有益。"当我问他取这笔名之意时，他答道。

他的一生都是有益于人的；见到他便是一种愉快。他胸中没有城府。他喜欢谈话。他的话都是很有风趣的，很愉快的。老舍和他都是健谈的。他们俩曾经站在伦敦的街头，谈个三四个钟点，把别的约会都忘掉。我们聚谈的时候，也往往消磨掉整个黄昏、整个晚上而忘记了时间。

他喜欢做人家所不做的事。他收集了不少小古董，因为他没有多余的钱买珍贵的古物。他在北平时，常常到后门去搜集别人所不注意的东西。他有一尊元朝的木雕像，绝为隽秀，又有元代的壁面碎片几方，古朴有力。他曾经搜罗了不少"压胜钱"，预备做一部压胜钱谱，抗战后，不知这些宝物是否还保存无恙。他要研究中国服装史，这工作到今日还没有人做。为了要知道"纽扣"的起源，他细心地在查古画像、古雕刻和其他许多有关的资料。他买到了不少摊头上鲜有人过问的"喜神像"，还得到很多玻璃的画片。这些，都是与这工作有关的。可惜牵于他故，牵于财力、时力，这伟大的工作，竟不能完成。

我为中国版画史的时候，他很鼓励我。可惜这工作只做了一半，也困于财力而未能完工。我终要将这工作完成的，然而地山却永远见不到它的全部了！

他心境似乎一直很愉快，对人总是很高兴的样子。我没有见他疾言厉色过；即遇怫意的事，他似乎也没有生过气。然而当神圣的抗战一开始，他便挺身出来，献身给祖国，为抗战做着应该做的工作。

抗战使这位在研究室中静静地工作着的学者，变为一位勇猛的斗士。

他的死亡，使香港方面的抗战阵容失色了。他没有见到胜利而死，这不幸岂仅是他个人的而已！

他如果还健在，他一定会更勇猛地为和平建国、民主自由而工作着的。

失去了他，不仅是失去了一位真挚而有益的好友，而且是，失去了一位最坚贞，最有见地，最勇敢的同道的人。我的哀悼实在小仅是个人的友情的感伤！

（载于 1946 年 7 月 1 日《文艺复兴》1 卷第 6 期）

最乐的事莫如朋友相聚

梁实秋

　　方女士早岁聘于江宁陈氏，育一女。陈为世家子，风流倜傥，服务于金融界，饶有资财。令孺对于中外文学艺术最为倾心，而对于世俗的生活与家庭的琐碎殊不措意。二人因志趣不合，终于仳离。这件事给她的打击很大，她在《家》中发出这样的喟叹：

　　　　做一个人是不是一定或应该要个家，家是可爱，还是可恨呢？这些疑问纠缠在心上，教人精神不安，像旧小说里所谓给魔魇住似的。

　　"家"确实是她毕生摆脱不掉的魔魇。她相当孤独，除了极少数谈得来的朋友之外，不喜与人来往。她经常一袭黑色的旗袍，不施脂粉。她斗室独居，或是一个人在外面彳亍而行的时候，永远是带着一缕淡淡的哀愁。

　　我最初认识她是在 1930 年，在国立青岛大学同事杨振声校长的一位好朋友邓初（仲存）、邓顽伯之后，在青岛大学任校医，邓与令孺有姻谊，因此令孺来青岛教国文。闻一多任国文系主任。一多在南京时有一个学生陈梦家，好写新诗，颇为一多所赏识，梦家又有一个最亲密的写新诗的朋友方玮德，玮德是方令孺的侄儿，也是一多的学生。因此种种关系，一多与令孺成了好朋友，而我也有机会认识她。青岛山明水秀，而没有文化，于是消愁解闷唯有杜康了。由于杨振声的提倡，周末至少一次聚饮于顺兴楼或厚德福，好饮者七人（杨振声、赵太侔、闻一多、陈季超、刘康甫、邓仲存和我）。闻一多提议邀请方令孺加入，凑成酒中八仙之数。于是猜拳行令觥筹交错，乐此而不疲者凡两年。其实方令孺不善饮，微醺辄面红耳赤，知不胜酒，我们亦不勉强她。随后东北事起，学生请愿风潮波及青岛，杨振声、闻一多相率引去，方令孺亦于是时离开了青岛。

我再度遇到方令孺是抗战时在重庆。有一天张道藩领我到上清寺国立编译馆临时办公处，见到了蒋碧微和方令孺二位，她们是暂时安顿在那里。随后敌机肆虐，大家疏散下乡，蒋碧微、方令孺都加入了教育部的编委会移居在北碚。在北碚，我和方令孺可以说是望衡对宇，朝夕相见。最初是同住在办公室的三楼上，她住在我的隔壁。我有一天踱到她的房间聊天，看见她有一竹架的中英图书，这在抗战时期是稀有的现象。逃难流离之中，谁有心情携带图书？她就有这样的雅兴，迢迢千里间关入蜀，随身带着若干册她特别喜爱的书。我拣出其中的一本《咆哮山庄》，她说："这是好动人的一部小说啊！"我说我要把它翻译出来，她高兴极了，慨然借了给我，我总算没有辜负她的好意，在艰难而愉快的情形下把它译出来了。

我搬进"雅舍"之后，方令孺也住进斜对面的编译馆一宿舍里，她占楼上一间。她的女儿和她女儿的男友每星期都来看她。有一次她兴高采烈地邀我和业雅到她室内吃饭。是冬天，北碚很冷，取暖的方法是取一缸瓦盆，内置炭灰，摆上几根木炭，炭烧红了之后就会散发一些暖气。那个时候大家生活都很清苦，拥着一个炭盆促膝谈心便是无上的乐事了。方令孺的侄儿玮德（二十七岁就死了）和陈梦家都称她为"九姑"。因为排行第九，大家也都跟着叫她"九姑"，这是官称，无关辈数。我们也喊她九姑，连方字也省了。九姑请我们吃饭，这是难得一遇的事，我们欣然往。入室香气扑鼻，一相当密封的瓦罐在炭火上已经煨了五六小时之久，里面有轻轻的嘈噜嘈噜声。煨的是大块的连肥带瘦的猪肉，不加一滴水，只加料酒酱油，火候到了，十分的酥烂可口。这大概就是所谓东坡肉了吧？这一餐我们非常尽兴，临去时九姑幽幽叹息说："最乐的事莫如朋友相聚，最苦的事是夜阑人去独自收拾杯盘打扫地下，那时的空虚寥落之感真是难以消受啊！"我们听了，不禁怅然。

有一回冰心来北碚，雅舍不免一场欢宴。饭后冰心在我的一个册页簿上题字——

一个人应当像一朵花，不论男人或女人。花有色、香、味，人有才、情、趣，三者缺一，便不能做人家的一个好朋友。我的朋友之中，男人中只有实秋最像一朵花……

在人家做客，不免恭维主人几句，不料下笔未能自休，揄扬实在有些过分，这时节围在一旁的客人大为不满，尤其是顾毓珍叫嚣得最厉害，他说："实秋最像一朵花，那我们都不够朋友了？"冰心说："少安毋躁，我还没有写完。"于是急下转语，继续写道——

虽然是一朵鸡冠花，培植尚未成功，实秋仍须努力！

草草结束，解决了当时尴尬的局面。过了些时，九姑看到了冰心的题字，不知就里，援笔也题了几句话，她写道——

余与实秋同客北碚将近二载，藉其诙谐每获笑乐，因此深知实秋"虽外似倜傥而宅心忠厚"者也。实秋住雅舍，余住俗舍，二舍遥遥相望。雅舍门前有梨花数株，开时行人称羡。冰心女士比实秋为鸡冠花，余则拟其为梨花，以其淡泊风流有类孟东野。唯梨花命薄，而实秋实福人耳。

庚辰冬夜　令孺记

一直到抗战胜利，九姑回到南京。以后我们就没有再会过。我来台湾后，在报端偶阅一段消息，好像她是在上海杭州一带活动，并且收集砚石以为消遣。从收集砚石这件事来看，我知道她寄情于艺苑珍玩，当别有心事在。"石不能言最可人。"她把玩那些石砚的时候，大概是想着从前的日子吧？

（选自《方令孺其人》，载于《怀鲁迅 我所见的叶圣陶》，郁达夫、朱自清等著，人民文学出版社2017年版，题目为编者加）

梁任公的一次演讲

梁实秋

　　梁任公先生晚年不谈政治，专心学术。大约在 1921 年左右，清华学校请他作第一次的演讲，题目是"中国韵文里表现的情感"。我很幸运地有机会听到这一篇动人的演讲。那时候的青年学子，对梁任公先生怀着无限的敬仰，倒不是因为他是戊戌政变的主角，也不是因为他是云南起义的策划者，实在是因为他的学术文章对于青年确有启迪领导的作用。过去也有不少显宦，以及叱咤风云的人物，莅校讲话，但是他们没能留下深刻的印象。

　　任公先生的这一篇讲演稿，后来收在《饮冰室文集》里。他的讲演是预先写好的，整整齐齐地写在宽大的宣纸制的稿纸上面，他的书法很是秀丽，用浓墨写在宣纸上，十分美观。但是读他这篇文章和听他这篇讲演，那趣味相差很多，犹之乎读剧本与看戏之迥乎不同。

　　我记得清清楚楚，在一个风和日丽的下午，高等科楼上大教堂里坐满了听众，随后走进了一位短小精悍秃头顶宽下巴的人物，穿着肥大的长袍，步履稳健，风神潇洒，左右顾盼，光芒四射，这就是梁任公先生。

　　他走上讲台，打开他的讲稿，眼光向下面一扫，然后是他的极简短的开场白，一共只有两句，头一句是："启超没有什么学问——"眼睛向上一翻，轻轻点一下头，"可是也有一点喽！"这样谦逊同时又这样自负的话是很难得听到的。他的广东官话是很够标准的，距离国语甚远，但是他的声音沉着而有力，有时又是洪亮而激昂，所以我们还是能听懂他的每一字，我们甚至想，如果他说标准国语其效果可能反要差一些。

我记得他开头讲一首古诗《箜篌引》：

公无渡河。
公竟渡河！
渡河而死，
其奈公何！

这四句十六字，经他一朗诵，再经他一解释，活画出一出悲剧，其中有起承转合，有情节，有背景，有人物，有情感。我在听先生这篇讲演后约二十余年，偶然获得机缘在茅津渡候船渡河。但见黄沙弥漫，黄流滚滚，景象苍茫，不禁哀从中来，顿时忆起先生讲的这首古诗。

先生博闻强记，在笔写的讲稿之外，随时引证许多作品，大部分他都能背诵得出。有时候，他背诵到酣畅处，忽然记不起下文，他便用手指敲打他的秃头，敲几下之后，记忆力便又畅通，成本大套地背诵下去了。他敲头的时候，我们屏息以待，他记起来的时候，我们也跟着他欢喜。

先生的讲演，到紧张处，便成为表演。他真是手之舞之足之蹈之，有时掩面，有时顿足，有时狂笑，有时叹息。听他讲到他最喜爱的《桃花扇》，讲到"高皇帝，在九天，不管……"那一段，他悲从中来，竟痛哭流涕而不能自已。他掏出手巾拭泪，听讲的人不知有几多也泪下沾巾了！又听他讲杜氏讲到"剑外忽传收蓟北，初闻涕泪满衣裳……"先生又真是于涕泗交流之中张口大笑了。

这一篇讲演分三次讲完，每次讲过，先生大汗淋漓，状极愉快。听过这讲演的人，除了当时所受的感动之外，不少人从此对于中国文学发生了强烈的爱好。先生尝自谓"笔锋常带情感"，其实先生在言谈讲演之中所带的情感不知要更强烈多少倍！

有学问，有文采，有热心肠的学者，求之当世能有几人？于是我想起了从前的一段经历，笔而记之。

（载于《藤野先生　沈从文先生在西南联大》，鲁迅、汪曾祺等著，人民文学出版社 2017 年版）

冼星海教我学作曲

刘 炽[*]

　　鲁艺成立时，我们抗战剧团正在黄土高原的边区各地为战士、老乡演出。回到延安我听说了这所学院，一再请求到鲁艺深造，我要学音乐。1939年初，我考入鲁迅艺术文学院第三期音乐系。

　　那时的"高考"不像现在这么繁杂、惊天动地。（女儿小红的升学考试，我和老伴李容功差点没累死。）记得我来到冼星海老师的窑洞，只星海一人坐在那里，我站着。星海让我唱歌，我唱了《义勇军进行曲》，又唱了首《救国军歌》（星海曲，塞克词）。让我谈谈对这两首歌的理解，我的回答使星海满意。又给我一首曲子让我读谱……就这么简单，星海批准收下了我。

　　星海老师是1938年11月3日来到延安的，1939年初正式接替了吕骥的职务，任我们音乐系第三期的系主任兼作曲、指挥两门主课。音乐系的师资力量很强，吕骥教自由作曲，向隅教和声，杜矢甲教声乐，张振骧教提琴。

　　星海教学非常严谨，他每周要求我们交上一首习作，我第一次交上的是

---

[*]　刘炽（1921—1998），原名刘德荫，陕西西安人，著名电影音乐人。自幼随民间艺人学习鼓乐。1936年参加工农红军。1939年考入延安鲁迅艺术文学院音乐系第三期，成为冼星海学生，学习作曲和指挥。后来历任中央戏剧学院歌剧团作曲兼艺术指导、辽宁省歌剧院副院长兼艺委会主任、中国煤矿文工团总团长兼艺委会主任等。代表作有《我的祖国》、电影《英雄儿女》主题歌《英雄赞歌》、电影纪录片《祖国的花朵》插曲《让我们荡起双桨》。

《陕北情歌》：

5 43 5·32｜16 532 1·3 2
河 里 水 哗 啦 啦 请

2 53 21 65｜1-17 5·3 2-2·2｜
你 给他 捎个 话 哎 哟 不 说

532 1625 3216｜25 6 5 5 6｜22
这 来 不说 那呀 哈 就 说 你 英勇

532 126｜1·2 14 5-｜
杀 敌 莫 想 她

　　这首歌发表在当时的延安音乐杂志上，1983年又收入《延安丛书音乐卷》。当时，冼星海老师看到了我这首处女作，在卷子上批上"好！星海"。第二周我又交上了一首习作，是一首儿歌《叮叮铛》，发下来，上面批的"很好！星海"。第三次习作我写了首二部混声合唱《打场歌》，一看发下的卷子，上面批的"非常好！我希望它传遍全国。星海"。

　　业师化为恩师，这三次批语对一个初学作曲的学生太重要了，对我震动很大。恩师的一再鼓励，使我对作曲产生了浓厚兴趣，我暗下决心，要勤奋努力，像星海一样，写出优秀的作品让人们传唱，尤其要写出像《黄河大合唱》那样的作品。

　　星海一再教导我们，要以民族音乐为创作主体，还要兼容并蓄，向欧洲的歌剧交响乐学习。我们音乐系没有钢琴，只有提琴和手风琴，再就是一些中国乐器，更没有像现在的这种收录机、音响。星海想尽办法，正好从印度来延安支援抗日的柯棣华等三位大夫，带来了手摇留声机、几大部交响乐、欧洲歌剧、圣咏等唱片，留作他们自己欣赏消遣的。在星海的说服下，柯棣华答应了把留声机唱片借给我们。我和同学来到延安拐峁医院，从柯棣华那里搬来了留声机和唱片。后来，周恩来副主席又从重庆弄来了一架钢琴，我们音乐系的设备也越来越完备了。

有了留声机、唱片，星海给我们开设了音乐欣赏课，我这才第一次听到外国大师们的作品，有贝多芬的《田园》、德沃夏克的《自新大陆》、巴赫的《复调》、柴可夫斯基的《胡桃夹子》《天鹅湖》、德彪西的《牧神午后的笛声》……我还知道了俄罗斯"民族乐派五人强力集团"，这个集团在19世纪震动了世界。星海给我们播放他们的音乐，我印象最深的是鲍洛汀的《伊尔王子》，当听了这部歌剧里的"女囚的合唱"，我感到了美的力量，世界上竟会有这么美的音乐！还有莫索尔戈斯基的歌剧《波尼斯·戈德洛夫》中的男低音独唱《跳蚤之歌》，《图画展览会》的组曲，都给我很深很深的印象。里木斯基·柯萨柯夫的《天方夜谭》，是写海的，美极了，气魄大极了！这首曲子在配器上也很绝妙。

星海说，优美的旋律是可以超越国界的，听到了这些音乐，我懂了这句话的含义。事有凑巧，前些日子，我的好友，楚辞、古音韵大师文怀沙先生也对我说过类似的话："刘炽，优美的旋律可以超越国境，战胜任何政治偏见，你的'一条大河'在世界各国都受欢迎！"

星海是广东番禺人，是贫苦渔民出身，从小酷爱音乐，随货船、帮水手干活到法国学习音乐。当他学业有成，开始受到法国音乐界的瞩目时，国内抗日战争爆发。星海放弃了将能得到的较好职务和美好爱情，回到了满目疮痍的祖国。星海说："祖国在遭难，人民在受苦，我不能留在法国过安宁的日子。"

星海老师一到延安就投入到为抗战而歌唱的紧张创作中，除了《黄河大合唱》而外，还有《生产大合唱》《九一八大合唱》《三八大合唱》《在太行山上》《满洲囚徒进行曲》《救国军歌》等大量作品，为抗战发出了民族正义的吼声。

星海老师的人品艺品和他与聂耳开创的新音乐的道路一直影响着我的一

生，我不敢忘恩师的教诲，一直兢兢业业地努力着，这才有了我解放后许多影响颇大的歌曲创作。

（选自《歌唱祖国和人民》，载于《撞击艺术之门》，方正、刘剑编，中国文史出版社 1997 年版，题目为编者加）